AF232540

UNIVERSITÉ DE FRANCE. — FACULTÉ DE DROIT DE NANCY

DE LA
CESSION DE BIENS

EN

DROIT ROMAIN

DE LA

CONDITION DES PERSONNES

EN ALGÉRIE

EN

DROIT FRANÇAIS

THÈSE POUR LE DOCTORAT

PRÉSENTÉE PAR

Paul BACHMANN

Avocat à la Cour d'appel d'Alger

L'acte public sur les matières ci-après sera présenté et soutenu
le Lundi 11 Juin 1894, à quatre heures du soir.

Président : M. BEAUCHET, professeur.

Suffragants
MM. LEDERLIN, professeur-doyen.
BOURCART, professeur.
GAVET, professeur.

Le Candidat répondra en outre aux questions qui lui seront faites
sur les autres matières de l'enseignement.

NANCY

TYPOGRAPHIE G. CRÉPIN-LEBLOND, PASSAGE DU CASINO

1894

DE LA

CESSION DE BIENS

EN

DROIT ROMAIN

DE LA

CONDITION DES PERSONNES

EN ALGÉRIE

EN

DROIT FRANÇAIS

THÈSE POUR LE DOCTORAT

PRÉSENTÉE PAR

Paul BACHMANN

Avocat à la Cour d'appel d'Alger

L'acte public sur les matières ci-après sera présenté et soutenu
le Lundi 11 Juin 1894, à quatre heures du soir.

Président : M. BEAUCHET, professeur.

Suffragants :
MM. LEDERLIN, professeur-doyen.
BOURCART, professeur.
GAVET, professeur.

Le Candidat répondra en outre aux questions qui lui seront faites
sur les autres matières de l'enseignement.

NANCY

TYPOGRAPHIE G. CRÉPIN-LEBLOND, PASSAGE DU CASINO

1894

Page

DE LA

CESSION DE BIENS

EN

DROIT ROMAIN

DE LA

CONDITION DES PERSONNES

EN ALGÉRIE

EN

DROIT FRANÇAIS

THÈSE POUR LE DOCTORAT

PRÉSENTÉE PAR

Paul BACHMANN

Avocat à la Cour d'appel d'Alger

L'acte public sur les matières ci-après sera présenté et soutenu
le **Lundi 11 Juin 1894**, à quatre heures du soir.

Président : M. BEAUCHET, professeur.

Suffragants { MM. LEDERLIN, professeur-doyen.
BOURCART, professeur.
GAVET, professeur.

Le Candidat répondra en outre aux questions qui lui seront faites
sur les autres matières de l'enseignement.

NANCY

TYPOGRAPHIE G. CRÉPIN-LEBLOND, PASSAGE DU CASINO

1894

FACULTÉ DE DROIT DE NANCY

Doyen : M LEDERLIN, ❋, I ❀.

Doyen honoraire : M. JALABERT, ❋, I ❀.

MM. LEDERLIN ❋, I ❀, Professeur de Droit romain, Chargé du cours de Pandectes, et Chargé du cours de Droit français étudié dans ses origines féodales et coutumières.

LOMBARD (Ad.) ❋, I ❀, Professeur de Droit commercial, et Chargé du cours de Droit international public et Droit des Gens.

LIÉGEOIS, I ❀, Professeur de Droit administratif, et Chargé du cours de Législation industrielle.

BLONDEL, I ❀, Professeur de Code civil, et Chargé du cours de Droit constitutionnel (Doctorat).

BINET, I ❀, Professeur de Code civil, et Chargé du cours d'Enregistrement.

LOMBARD (P.), I ❀, Professeur de Code civil.

GARNIER, I ❀, Professeur d'Economie politique et Chargé du cours de Législation financière.

MAY, I ❀, Professeur de Droit romain, et Chargé du cours de Pandectes.

GARDEIL, I ❀, Professeur de Droit criminel.

BEAUCHET, I ❀, Professeur de Procédure civile, et Chargé du cours de Procédure civile (Voies d'exécution).

BOURCART, A ❀, Professeur de Droit constitutionnel et administratif.

GAVET, A ❀, Professeur d'Histoire du Droit.

CHRÉTIEN, A ❀, Professeur-adjoint, Chargé du cours de Droit international privé et du cours de Législation commerciale comparée.

LACHASSE, I ❀, Docteur en Droit, Secrétaire.

A LA MÉMOIRE VÉNÉRÉE

DE MES PARENTS

BIBLIOGRAPHIE

DROIT FRANÇAIS

Dictionnaire de la législation algérienne, par de Ménerville, 1830 à 1872, continué par Hugues et Lapra, 1872 à 1878, par Sautayra, 1872 à 1883, par Hugues, 1883 jusqu'à nos jours.

Jurisprudence algérienne de 1830 à 1876, par Robert Estoublon, directeur de l'Ecole de droit d'Alger.

Bulletin judiciaire de l'Algérie : Doctrine — Jurisprudence. — Législation, 1877 à 1884 inclus.

Revue algérienne et tunisienne de législation et de jurisprudence, publiée par l'Ecole de droit d'Alger, tome Ier : année 1885.

Journal de la jurisprudence de la Cour d'appel d'Alger et de législation algérienne par Robe.

Répertoire alphabétique de jurisprudence, de doctrine et de législation algériennes et tunisiennes, par Tilloy (a paru jusqu'à la lettre E.).

INTRODUCTION

La cession de biens n'aurait jamais vu le jour si la contrainte sur la personne était restée la seule voie d'exécution en usage chez les Romains. Mais tandis que dans les premiers temps de Rome le peuple qui empruntait n'avait d'autre gage à offrir au prêteur que le butin qu'il pouvait acquérir après une guerre heureuse, plus tard son aisance se développa et il put, tout en conservant sa liberté, affecter ses biens au remboursement de ses dettes. Il en est ainsi à l'origine de toutes les civilisations : la contrainte personnelle tend à absorber celle des biens ; celle-ci ne s'exerce que par l'intermédiaire des voies d'exécution sur la personne du débiteur. Au moyen-âge, l'excommunication frappait le débiteur insolvable ; il était mort civilement et religieusement. Dans le droit germanique, le créancier pouvait disposer du cadavre de son débiteur. Cependant, à la longue, les mœurs s'adoucissant, d'autres principes prévalurent. La contrainte personnelle, au lieu d'être considérée à Rome comme un mode principal, finit par devenir l'accessoire de la poursuite sur les biens ; on ne commençait plus par l'obliger au débiteur sans connaître les circonstances qui l'avaient mis dans l'impossibilité de payer, quoique la loi n'en eût pas désarmé le créancier complètement. Il restait donc le maître de la personne du débiteur et ce qui le prouve, c'est l'institution même de la cession de biens qui devait permettre au débiteur d'échapper à la prison et au déshonneur, moyennant l'abandon de ses biens au créancier. On peut donc concevoir la cession de biens comme une faveur accordée à certains débiteurs malheureux mais de bonne foi, pour adoucir les conséquences de la situation pénible que leur avait créée la première législation romaine. Ce n'est que bien tard que la contrainte personnelle cessa d'être en usage ; mais la cession de biens garda toujours son utilité.

Nous nous proposons de traiter successivement de son origine, des conditions dans lesquelles elle s'exerce, des formes qu'elle revêt et de ses effets.

DROIT ROMAIN

DE LA CESSION DE BIENS

CHAPITRE PREMIER

Origine de la Cession

Origine de la cession de biens. — La cession de biens a pour but de permettre au débiteur moyennant l'abandon de ses biens aux créanciers d'échapper à la prison et d'éviter les conséquences pénibles de cette incarcération. Elle ne fut introduite dans le droit classique qu'au temps des Empereurs, comme une innovation tendant à rendre moins fréquent l'usage des voies d'exécution. On ne peut se rendre compte de l'utilité de cette mesure et des services qu'elle rendit aux débiteurs, qu'en retraçant l'historique des voies d'exécution en usage à Rome dans les temps qui précédèrent la loi Julia à laquelle nous devons la cession de biens.

Exécution d'après la loi des XII Tables. — Sous le système des actions de la loi, c'est-à-dire dès l'époque de la loi des XII

Tables et de la loi *Aebutia*, la contrainte personnelle était la seule voie d'exécution donnée au créancier avant qu'on ait eu l'idée de se faire payer sur le patrimoine du débiteur. La loi des XII Tables ne parle que de la contrainte sur la personne. Aulu Gelle nous en rend compte dans le passage suivant (*Nuits attiques*, t. XX, ch. I, p. 744) : Pour le paiement d'une dette d'argent avouée ou d'une condamnation juridique, que le débiteur ait un délai légal de trente jours, passé lequel qu'il y ait contre lui *manus injectio* ; qu'il soit amené devant le magistrat. Alors à moins qu'il ne paie, ou que quelqu'un ne se présente pour lui comme vindex, que le créancier l'emmène chez lui ; qu'il l'enchaîne ou avec des courroies ou par des fers aux pieds, pesant au plus quinze livres, moins si l'on veut. Qu'il soit libre de vivre à ses propres dépens, sinon que le créancier qui le tient enchaîné lui fournisse une livre de farine au plus, s'il le veut bien. On avait le droit de s'accommoder encore ; si on ne le faisait pas, on était soixante jours dans les liens. Dans cet intervalle de temps, il y avait trois jours de marché pendant lesquels on était conduit chaque jour au comitium, devant le préteur qui rappelait le montant de la somme due. Le troisième jour on était décapité, ou bien on était vendu et l'on partait pour l'étranger, *loin du Tibre*. Or cette peine de mort dont le but était de mettre la bonne foi hors d'atteinte, était entourée de tout ce qui pouvait la rendre formidable. Si le débiteur était adjugé à plusieurs créanciers, la loi permettait de le couper, s'ils le voulaient, et de se le partager. Tu pourrais croire que je recule devant les termes de la loi, je les cite.

Cette manière de traiter des hommes libres, des citoyens romains, a paru si barbare à certains auteurs (1) qu'ils n'ont

---

(1) Zimmern, *Traité des actions*, trad. Etienne, p. 131 ; Vainberg, *La faillite d'après le droit romain*, p. 79 ; Accarias, *Précis de droit romain*, troisième édition, p. 842, note 1, t. II.

pas voulu croire qu'il s'agissait dans la loi du partage du débiteur et que les termes *tertiis nundinis partes secanto, si plus
minusve secuerint ne fraude esto* se rapportaient au partage des
biens du débiteur ou du prix en provenant. L'histoire ne nous
offre pas d'exemple de meurtre commis dans ces conditions.

A côté des liens formés par l'addiction on voit s'introduire
un autre genre d'engagement vis-à-vis du créancier : le *nexum*.
La condition du *nexus* diffère sensiblement de celle de l'*addictus*, mais les auteurs (1) ne sont pas d'accord pour nous dire en
quoi elle consistait. Pour les uns le créancier avait les droits les
plus étendus sur le débiteur ; il avait le pouvoir de l'arrêter s'il
ne le payait pas, même avant l'époque du remboursement ; la
personne du débiteur était son gage virtuel ; il pouvait à son
gré resserrer ou lâcher les liens qui l'unissaient à lui ; d'autres
estiment que le *nexum* ne donnait au créancier aucun droit sur
la personne de son débiteur, et qu'il fallait une action en justice
pour le forcer au remboursement et exercer une contrainte sur
lui.

On admet généralement que le *nexus* s'étant lié volontairement en vertu d'un contrat et non pas à la suite d'une condamnation judiciaire envers le créancier, celui-ci n'a pas besoin
de jugement pour faire affirmer l'existence de la dette et pour
mettre à exécution sur la personne du débiteur la promesse de
remboursement. Le *nexus* est peut-être traité avec moins de
rigueur que l'*addictus* ; c'est ce qui explique pourquoi le *nexum*
remplace petit à petit l'*addictio* sans toutefois que cette dernière
disparaisse. Les deux font perdre la liberté au débiteur ; il
devient la chose du créancier, mais dans le *nexum* les personnes
soumises à la puissance du débiteur subissent le même sort que
lui. La mancipation ne conférait pas la possession ; aussi à défaut

---

(1) Murhead, *Introduction historique en droit privé de Rome.* Traduit
par M. Bourcart, p. 199 ; Giraud, des Nexi, p. 479.

de paiement à l'époque convenue, le créancier pouvait-il renvendiquer le *nexus* et s'en faire adjuger la possession.

Il y avait bien dans le système des actions de la loi une voie d'exécution sur les biens, c'était la *pignoris capio* ; mais elle était d'un usage tout à fait exceptionnel ; c'est l'acte du créancier qui occupe à titre de gage certains biens de son débiteur. La coutume l'avait fait admettre pour *l'aes militare*, *l'aes equestre* et *l'aes hordearium* et seulement au profit de l'Etat (1). Gaius en parle fort peu ; il faut croire que les Romains ne l'employaient que rarement. Son utilité pour les créanciers ordinaires n'eût pas été bien grande, car la main mise sur la personne du débiteur entraînait main mise sur les biens ; de même qu'il n'était plus libre de sa personne, il ne l'était pas davantage de ses biens.

Les créanciers abusèrent des droits que leur conférait le *nexum* ; ils tenaient leurs débiteurs dans un véritable esclavage et les soumettaient aux indignités les plus révoltantes.

L'histoire du jeune Publilius qui s'était soumis volontairement au créancier de son père décédé pour répondre d'un prêt contracté par lui, finit par soulever l'indignation de la foule. L'abolition du *nexum* fut demandée ; elle fut réalisée par la loi Pœtilia Papiria. La date et la portée exacte de cette loi ne nous sont pas connues. A s'en tenir à la chronologie de Tite-Live, elle serait de l'an 429 qui correspond à l'époque où Pœtilia était consul. Tite-Live nous en parle dans ces termes, VIII, 28 : *ne quis nisi qui noxam meruisset, donec poenam lueret, incompedibus aut in servo teneretur ; pecuniæ créditæ bona debitoris, non corpus obnoxium esset. Ita nexi soluti, cautumque in posterum ne nccterentur. Et* Cicéron (De Republ. II, 34) : *Propter unius libidinem omnia nexa civium liberata, necterque postea desitum.*

<hr>

(1) Tambour, *Des voies d'exécution sur les biens des débit...*, en droit romain et dans l'ancien droit français. Tome 1er, p. 5.

Cette loi contient trois décisions : 1° elle améliore la con-dition des débiteurs en défendant qu'à l'avenir ceux qui subi-raient l'empoisonnement pour crime ou délit fussent chargés de chaînes ou de fers ; 2° elle abolit le *nexum* pour les dettes d'argent ; 3° elle libère les *nexi* actuellement détenus à la con-dition qu'ils prêtent le serment *bonam copiam jurare.*

Elle fut pour la plèbe écrasée de dettes comme une nouvelle ère de liberté ; *velut aliud initium libertatis.*

La première disposition était destinée à empêcher toute con-trainte inutile sur les débiteurs. L'emprisonnement ne fut pas pour cela supprimé ; un certain nombre de textes nous appren-nent en effet, qu'il continua à être subi *in carcere privato.* On a donc tort de représenter la loi Poetilia comme abolissant l'em-prisonnement pour dettes et comme substituant l'exécution sur les biens à l'exécution sur la personne. Elle ne va pas aussi loin. L'emprisonnement pour dettes est encore possible sous Justinien. (Digeste XLII, t. 34 ; Loi 1, Code L. VII, T. 71.

Ce que la loi a aboli, ce n'était pas le contrat d'emprunt, le *nexum,* mais seulement le droit pour le créancier de mettre son débiteur en prison sans jugement et en vertu de sa seule autorité. Dorénavant le débiteur ne peut plus être appréhendé que quand il a été condamné par le magistrat. Cette législation fit disparaître le *nexum* petit à petit.

L'*addictio* resta la seule arme entre les mains du créancier contre un débiteur récalcitrant, mais elle n'eut plus des consé-quences aussi terribles qu'autrefois. *Ne quis nisi qui noxam meruisset, donec pœnam lueret, in compedibus aut serro teneretur.*

Enfin, ceux qui se trouvaient dans l'impossibilité de remplir leurs engagements pour une cause ou pour une autre, étaient immédiatement libérés, *et omnes qui bonam copiam jurarunt. ne essent nexi dissoluti* (1). Une condition cependant leur est

----

(1) Varron, *De ling. lat.,* VII, 105 ; Vainberg, p. 87.

imposée, c'est de prêter le serment *bonam copiam jurare*. Que veulent dire exactement ces expressions? Les auteurs sont loin de s'entendre là-dessus. En l'absence de textes qui nous donnent une interprétation quelconque, différentes opinions ont été émises : pour les uns (1) le serment consiste à déclarer qu'on ne peut pas satisfaire ses créanciers, qu'on a agi de son mieux et qu'on ne peut pas faire davantage. Cette opinion s'écarte trop du sens littéral des mots : protester qu'on n'a rien se traduirait difficilement en latin par *bonam copiam jurare*. Cette *bona copia* donne plutôt l'idée d'une certaine fortune, d'une certaine aisance que le débiteur garderait pour désintéresser un jour son créancier ; aussi une deuxième opinion traduit-elle ainsi ces mots : jurer qu'on a une fortune suffisante pour payer ses dettes (2). Quand le débiteur tombait dans la condition de *nexus*, il n'avait plus grand'chose, puisque sans cela il aurait pu désintéresser son créancier ; mais cependant on ne peut pas admettre que tout ce qu'il avait alors et tout ce qu'il pouvait acquérir dans la suite par héritage ou autrement tombait avec lui aux mains des créanciers ; ce serait réduire à néant l'assertion de Varron : *dum solveret, nexus vocatur*. Comment aurait-il pu payer sa dette et obtenir sa libération, s'il n'avait plus rien et ne pouvait plus rien acquérir ? C'est avec cette *bona copia* dont il reste propriétaire qu'il paiera un jour ; mais il faut qu'il jure qu'il ne la dissipera pas et qu'il ne lui donnera pas une autre destination. Voilà comment nous croyons traduire ces mots. Toute autre explication donne aux mots *bonam copiam jurare* une signification trop exagérée, comme celle qui y voit la promesse de mettre sa fortune entière quelle qu'elle soit à la disposition des créanciers. Le débiteur affirme qu'il a bien géré

---

(1) Zimmern, p. 211, note 10.

(2) Huschke rapporté par Ruddorf, *Zeitschrift fur Rechtsgeschichte*, t. IV, p. 51.

ses affaires et promet de ne pas diminuer son patrimoine. *Copia bonâ* signifierait fortune bien gérée ; et *jurare*, promettre (1).

Après la loi Pœtilia, le droit prétorien conserva l'exécution personnelle qui se maintint avec le système des *legis actiones* jusque sous Justinien. C'était toujours le principe de l'ancienne *manus injectio*, mais avec de notables adoucissements. Le débiteur est encore adjugé au créancier et emmené dans sa maison, mais il n'est plus traité comme un esclave et obligé de servir jusqu'à parfait paiement de la dette. Le créancier lui doit la nourriture, mais il peut se nourrir à ses frais. La *manus injectio* disparut avec la loi Æbutia, mais elle n'entraîna pas la suppression de l'*addictio*; la *pignoris capio* elle-même fut encore en usage du temps de Cicéron.

Le système formulaire vit se développer la *renditio bonorum per universitatem* ou vente directe des biens du débiteur, organisée par le préteur Publicius Rutilius. Ce n'était pas une institution nouvelle, mais bien plutôt l'extension d'une mesure qu'avait développée la législation de la loi Pœtilia et qui était depuis longtemps en usage. La *manus injectio* se terminait la plupart du temps par la vente en masse des biens du débiteur ; ici la vente des biens est le commencement des poursuites ; mais le débiteur garde sa liberté. Le préteur, sur la demande des créanciers, les autorisait à se mettre en possession des biens qui étaient détenus à titre conservatoire, *rei servandæ causa*, et confiés à un curateur choisi par les créanciers. Les biens étaient adjugés en vente publique au plus offrant, c'est-à-dire à celui qui offrait de payer aux créanciers le plus fort dividende.

Cette vente était onéreuse pour le débiteur ; non seulement il perdait tous ses biens, mais il n'était libéré de ses dettes que pour la partie qui se trouvait payée par le *bonorum emptor*. S'il acquérait de nouveaux biens, il pouvait être poursuivi jusqu'à

______

(1) Vainberg, p. 88.

paiement intégral de tous les créanciers, le débiteur de mauvaise foi pouvait même être emprisonné. Dans tous les cas la *venditio bonorum* entraînait l'infamie et faisait perdre les droits politiques (1).

La situation malheureuse des débiteurs fut une deuxième fois améliorée sous les Empereurs par l'introduction d'une série de mesures au nombre desquelles nous trouvons la cession de biens. La cession de biens a été introduite dans le droit romain par une loi Julia qui peut être attribuée soit à César, soit à Auguste. (Gaius, C. III, 78. Loi 4, au code VII, 71). Certains auteurs (2) ont voulu la voir mentionnée déjà dans la *lex Julia municipalis*, appelée table d'Heraclée. Il est traité dans cette loi de l'organisation municipale et des causes qui empêchent d'être décurion, parmi lesquelles figure le *juramentum bonæ copiæ*. Celui qui *bonam copiam juravit* ne pouvait pas être décurion. Etait-ce là la cession de biens, c'est-à-dire l'abandon des biens aux créanciers? Il ne faut pas le penser, car ce *juramentum bonæ copiæ* peut bien avoir pour effet d'éviter la contrainte personnelle, il entraîne toujours l'infamie, puisque c'est un cas d'infamie énuméré par la loi ; or la *cessio bonorum* exempte de l'infamie. Les créanciers n'étaient pas forcés d'accepter ce serment de leur débiteur ; ce n'était qu'un usage toléré entre créanciers et débiteurs. La loi des XII Tables avait déjà permis au débiteur d'entrer en arrangement avec son créancier dans le délai de trente jours qui précédait l'exécution, sans que le créancier ait été forcé de s'y soumettre. *Erat interea jus pasciscendi.* (Aulu Gelle, *Nuits attiques*, XX, 1).

L'origine de la cession de biens remonte à une loi Julia rendue sous Jules César ou sous Auguste qui est venue en fixer les cas d'application et les effets. On connaissait déjà cette institution contenue dans la loi Pœtilia.

---

(1) Tambour, p. 220, et s.
(2) Giraud, p. 497 ; Mainz, *Cours de droit romain*, t. II, p. 567.

Mainz (1) explique ainsi son origine : de tout temps la République avait employé vis à vis des citoyens qui cherchaient à se dérober aux condamnations prononcées contre eux un moyen de coercition qui consistait à s'emparer de leurs biens et à les vendre aux enchères. Le préteur Rutilius introduisit ce moyen dans le droit privé contre le débiteur qui se cache ou qui s'enfuit et finalement la pratique l'étendit en dehors des hypothèses pour lesquelles il avait été tout d'abord créé. D'après Zimmern (2) l'usage s'introduisit d'accorder un délai aux débiteurs insolvables qui affirmaient par serment leur insolvabilité, et les créanciers se voyaient souvent forcés d'accepter l'abandon de leurs biens. Cette faculté laissée aux débiteurs de se libérer ainsi devint pour eux un droit à la suite de la loi Julia.

D'après Ortolan, l'exécution forcée sur les biens était déjà connue avant les lois judiciaires parmi lesquelles on range la loi Julia, puisque le débiteur a le moyen par la cession des biens d'échapper aux conséquences les plus terribles de la *venditio bonorum*.

Il est difficile d'assigner une date exacte à cette loi Julia ; doit-on l'attribuer à Jules César ou à Auguste ? Nous ne la connaissons qu'imparfaitement par les fragments que nous ont rapportés Ulpien, Paul, Modestin et Marcien qui vivaient au IIIe siècle. Ces fragments ont même été altérés dans le texte des compilateurs de Justinien, mais dans une mesure qu'il est difficile de préciser.

On serait tenté d'attribuer la loi Julia à Jules César à cause de l'intérêt qu'il montra pour les débiteurs, soit en prohibant le prêt à intérêt, soit en modifiant le taux de l'usure, soit en autorisant une *datio in solutum* dans des conditions avantageuses.

---

(1) Mainz, *Cours de droit romain*, t. II, p. 568.
(2) Zimmern, p. 210.

La cession de biens serait une espèce de *datio in solutum* qui libèrerait le débiteur jusqu'à concurrence de l'estimation des biens. Mais ce qui fait penser que la loi Julia n'est pas du règne de Jules César, c'est la cession de biens connue sous forme de *juramentum bonæ copiæ* et contenue dans la loi Julia *municipalis*. Cette loi date de l'année 709. Or ce *juramentum bonæ copiæ* n'avait pour effet que d'éviter l'emprisonnement au débiteur, tandis que la cession de biens l'exempte encore de l'infamie ; il est donc vraisemblable de supposer que la cession de biens est postérieure à la loi Julia *municipalis*, puisqu'elle constitue un progrès et contient un nouvel avantage sur la situation antérieure. Elle n'existait donc pas encore en 709.

Les historiens du temps de César n'en parlent pas non plus et ce silence paraît significatif, car une loi de cette importance devait attirer leur attention. Si nous ne sommes pas plus renseignés par ceux du règne d'Auguste sur la *lex Julia de cessione bonorum*, c'est qu'ils n'étaient d'abord pas si nombreux ; ensuite une loi de ce genre venant d'Auguste pouvait plutôt passer inaperçue, parce qu'elle ne répondait pas à un besoin aussi urgent de politique, en ce sens que ce n'étaient plus seulement les Plébéiens qui rempruntaient et dont il fallait se faire bien voir, mais encore les riches. La cession de biens qui sous César eût été une mesure politique, devenait au contraire sous Auguste une réforme destinée autant à empêcher la ruine des prêteurs qu'à permettre aux débiteurs de continuer à gérer les charges publiques, car, comme nous le verrons, l'infamie qu'entraînait la vente de biens les excluait de toute fonction.

On est donc amené à conclure que la *lex Julia judiciaria* qui a trait à la cession de biens a été rendue sous le règne d'Auguste, vers l'an 728 ou 729 (1).

Il nous faut maintenant déterminer le caractère de la cession

---

(1) Zimmern, p. 242 ; Vainberg, p. 128

de biens en droit romain. Elle se présente comme un bénéfice accordé au débiteur. Les sources romaines corroborent cette assertion. Con. IV, code VII, 71, *Legis Juliæ, de bonis cedendis beneficium*; Cons. VIII, C, *ibid., ad miserabile cessionis bonorum homines reniant auxilium*; Con. VII, C. *ibid., ad cessionis flebile reniens adjutorium*; le code de Theodose (lib. IV, t. XX) *qui bonis ex lege Julia cedere possunt* et celui de Justinien, VII, 71, *qui bonis cedere possunt*. Il résulte de ce caractère que personne ne pouvait être contraint de la faire.

Van Wetter (1) distingue la cession de biens conventionnelle de la cession de biens légale. La première résulte d'une convention intervenue entre l'insolvable et les créanciers ; les effets sont déterminés par l'accord des deux parties, et peuvent différer suivant la nature des conventions. La seconde au contraire constitue un droit acquis pour le débiteur toutes les fois qu'il se trouve dans des conditions dictées à l'avance par la loi. Celle-ci en règle les effets généraux auxquels les parties ne peuvent pas déroger. Nous ne nous occuperons que de la cession légale.

. Les textes qui traitent de la matière laissent encore malheureusement dans l'ombre certains points surles quels on ne peut risquer que des conjectures. Mais nous savons que les débiteurs y avaient très souvent recours tant étaient grands les avantages qu'elle offrait.

---

(1) Van Wetter, *Cours élémentaire de droit romain*, t. II, p. 556-557.

CHAPITRE II

Conditions de la Cession

Conditions requises pour faire la cession. — La première des conditions, c'est que le débiteur ait réellement des biens (1). Le fils de famille ne pouvait donc pas exiger cette faveur quand il n'avait pas de pécule *castrense* ou même de pécule *adventitium.* Cependant une constitution de Justinien l'autorise à faire la *bonorum cessio,* même quand il n'a pas de biens, mais en vue des acquisitions ultérieures qu'il pourra faire. (Loi 7, C. *qui bon. ced. poss.*)

La cession doit porter sur l'ensemble des biens du débiteur, car elle doit aboutir à la *missio in possessionem* et à la *venditio bonorum* qui sont des mesures générales portant sur l'ensemble du patrimoine (2).

Le débiteur doit être condamné au paiement de la dette ou reconnaître la légitimité de la créance devant la justice (3) (Loi 8, *De cess. bon.* XLII, 3) *Qui bonis cedit antequam debitum agnoscat, condemnetur, vel in jus confiteatur audiri non debet.* Ce texte ajoute à la condamnation et à la reconnaissance forcée en justice la reconnaissance volontaire. On s'explique difficile-

---

(1) Accarias, III, édit., p. 917, t. II.
(2) *Ibid.*
(3) Accarias, p. 916 et note 3.

ment comment le fait de la reconnaissance de la dette peut être
équivalent à un jugement ou à une *confessio in jure*; car cette
reconnaissance est implicitement comprise dans toute *bonorum cessio*. On aurait aussi bien fait de décider que la cession
pouvait avoir lieu dans tous les cas. Aussi un certain nombre
d'auteurs ne trouvant pas d'explication plausible à ces mots
debitum agnoscat les considèrent-ils comme ajoutés par les
rédacteurs du *Digeste* au texte d'Ulpien qui ne les contenait
pas (1). Hérald (*Trésor d'Othon*, t. II, XV, p. 1283), considère
le *non* de la dernière partie de la loi, *audiri non debet*, comme
intercalé, parce que ce mot est mis entre parenthèse dans le
codex Florentinus. Il en conclut qu'il a manqué dans le ma-
nuscrit et n'a été ajouté que plus tard par un copiste
inhabile.

Nous préférons tenir le texte comme exact et essayer de
l'expliquer. Si l'aveu extra-judiciaire est assimilé à la reconnaissance en justice et à la condamnation, c'est que le débiteur
a le plus souvent intérêt à faire cession avant les poursuites ;
quand le créancier est muni d'un titre exécutoire il a d'autres
moyens à sa disposition que la cession de biens pour se faire
payer. Mais quand le débiteur a avoué sa dette, et avoué de telle
façon que toute condamnation sur le montant de la dette devient
inutile, c'est ainsi qu'il faut entendre les mots *debitum agnoscat*,
le créancier a intérêt à accepter la cession ; ceci nous montre que
la cession peut intervenir non seulement quand le débiteur est
sur le point d'être incarcéré, mais encore quand son intérêt
l'exige, c'est-à-dire avant comme après toute poursuite. On peut
donc dire que le but principal de la cession sous Justinien n'était
pas d'éviter la prison au débiteur ; dans cette période elle devait
avoir des effets plus immédiats. Les textes parlent bien de

---

(1) Tambour, 1, 121. — Accarias, p. 917. — Godefroy, sur la L. 2, C.—Th.
Zimmern, p. 242.

l'exemption de la contrainte, mais ils ne nous permettent pas de conclure qu'à l'époque classique il en ait été autrement.

Par qui la cession pourrait-elle être faite ? Était-elle à la disposition de tous les débiteurs indistinctement ou était-elle seulement réservée aux débiteurs de bonne foi ?

On admet en général en se fondant sur la constitution 1 au code Theodosien (*qui ex lege Jul. bon. ced.*, IV, 20) que les débiteurs de bonne foi seuls peuvent l'invoquer. *Ne quis omnino fisci debitor, vel alienæ rei in auro atque in argento diversisque mobilibus retentator ac debitor, bonorum faciens cessionem liberum a repetitione plenissima nomen effugiat, sed ad redhibitionem debitæ quantitatis, congrua atque dignissima suppliciorum acerbitate, cogatur. Nisi forte propriorum dilapidationem bonorum aut latrociniis adrogatum, aut naufragiis incendioque conflatam vel quolibet majoris impetus infortunio atque dispendio, docuerit efflictum.*

On peut objecter que le texte ne parle que du débiteur du fisc, *debitor fisci* ; mais quand il est question du *retentator alienæ rei*, il s'agit bien du débiteur de la chose d'autrui et non comme on a voulu le prétendre d'autres débiteurs du fisc ; le mot *aliena res* désigne la chose d'autrui. Les textes en mentionnant la *bonum cessio* l'appellent *beneficium*, *auxilium*, car elle entraîne certains adoucissements à la condition des débiteurs malheureux mais honnêtes, tandis que la contrainte personnelle continue à rester en vigueur pour les débiteurs de mauvaise foi, comme le prouvent ces mots du jurisconsulte Sextus Cæcilius : *addici nunc et vinciri multos videmus* (Aulu Gelle, *Nuits attiques*, XX, 1). L'addiction est donc réservée à cette catégorie de débiteurs, ce qui explique pourquoi elle a subsisté à côté de la cession. Chacune de ces voies d'exécution avait sa sphère d'application distincte.

On cite encore ce passage de Sénèque comme argument en faveur de la bonne foi : *Quid ? tu tam imprudentes judicas majores nostros fuisse, ut non intelligerent iniquissimum esse eodem loco haberi eum qui pecuniam quam a creditore acciperet libidine aut aleo absumsit, et eum qui incendio aut latrocinio aut aliquo casu tristiore, aliena eum suis perdidit ?* (*De Beneficiis*, VII, 16). Sénèque compare celui qui a dépensé au jeu et en débauches l'argent qu'il a reçu des créanciers et celui qui à la suite d'un vol ou d'un cas fortuit quelconque a perdu l'argent d'autrui avec le sien. Il montre par là que déjà de son temps on traitait différemment le débiteur de bonne foi et le débiteur de mauvaise foi. Il ajoute : *Nullam excusationem receperunt ut homines scirent fidem utique præstandam. Satius enim erat a paucis etiam justam excusationem non accipi, quam ab omnibus aliquam tentari.* Ils n'ont admis aucune excuse afin qu'on sache qu'il faut dans toutes les circonstances tenir ses engagements. Que signifie exactement cette dernière proposi·tion ? Peut-elle être invoquée pour ou contre le système qui veut que la cession de biens soit accompagnée de bonne foi ? Sénèque semble seulement indiquer une ligne de conduite à tenir pour celui qui engage sa foi ; quelles que soient les circonstances dans lesquelles il peut se trouver, il reste tenu ; sa libération ne peut venir que de son propre fait. Il n'y a à notre avis aucun argument à tirer de ce passage (1).

L'origine de la cession de biens atteste aussi de la nécessité de la bonne foi. Qu'est-ce en somme que ce *juramentum bonæ copiæ* de la loi Pœtilia, sinon l'affirmation sous la foi du serment qu'on a toujours bien géré sa fortune ou qu'on a de quoi payer les créanciers, suivant l'interprétation qu'on adopte de ces termes ; la bonne foi reste toujours sous-entendue. La plupart des auteurs admettent cette solution ; d'après Ortolan (2) la considération la plus concluante, c'est que le débiteur n'est pas noté d'infamie ; or, les débiteurs de mauvaise foi n'en eussent pas été exempts. Puchta (3) n'admet la cession de biens établie par la loi Théo-

---

(1) Tambour, 132, Vainberg. p. 131.
(2) Ortolan, *Explication historique des instituts de l'empereur Justinien,* 3, p. 583.
(3) Puchta, *Cursus der Institutionem* vol. II, p. 215.

dose qu'en faveur du débiteur de bonne foi. Il lui paraît incontestable que les avantages de la cession n'eurent jamais lieu en faveur d'un banqueroutier frauduleux.

Cependant l'opinion contraire a trouvé beaucoup de partisans. On s'étonne tout d'abord que cette question si importante n'ait pas été résolue par des textes nombreux et précis. S'il est exigé dans la constitution 1 du code Théodosien IV, 20 du débiteur qui veut faire cession la preuve que la cause de son insolvabilité était indépendante de sa volonté, qu'elle résultait d'un incendie, d'un naufrage, d'une attaque de voleurs ou de tout autre cas de force majeure, dans le code de Justinien on ne trouve aucune trace de cette condition ; aussi a-t-on tiré de ce fait la conséquence que Justinien a accordé à tous les débiteurs le droit de céder leurs biens. D'après Tambour (1) non seulement cette loi n'a pas passé dans le code de Justinien, mais elle peut être considérée comme n'étant jamais appliquée qu'aux débiteurs du fisc, comme le prouve du reste une autre loi du code théodosien, la loi 4, dont l'objet est également de refuser la cession des débiteurs du fisc et qui porte : *nemo susceptor, vel exactor, vel debitor fisci duntaxat, cessionem bonorum faciens, intentionem publicæ necessitatis evadat* ; mais, les auteurs de ce système le reconnaissent eux-mêmes, cet argument n'est pas décisif; on ne peut pas se baser sur une prétendue omission de Justinien pour donner aux débiteurs de mauvaise foi des droits qui semblent réservés seulement aux débiteurs de bonne foi.

A l'objection tirée de la persistance de l'exécution sur la personne on répond qu'il restera toujours une catégorie de débiteurs qui ne pourront pas invoquer la cession de biens, ce sont ceux qui n'ont pas de biens. C'est ainsi qu'on interprète dans ce système la loi 25, § 7, D. *quæ in fraud. cred.* qui donne l'action

____

(1) P. 131.

paulienne contre le *fraudator* lui même. Il faut supposer que le débiteur après la *bonorum venditio* a acquis et dissipé certains biens sans en faire profiter les créanciers. Le but de cette action est de faire saisir le débiteur et de lui imposer la contrainte personnelle, la seule voie d'exécution qui soit encore possible contre lui, car il est insolvable et comme tel ne peut faire cession de biens ; or pour abandonner des biens il faut avant tout en avoir.

Nous pensons plutôt que si le débiteur peut être poursuivi par ses créanciers, c'est que la cession lui est refusée à raison de sa mauvaise foi et non parce qu'il n'a pas de biens.

On a tiré argument de la novelle 135 de Justinien, le texte est trop obscur pour pouvoir être interprété pour ou contre la bonne foi. Plusieurs interprétations ont été données, sans toutefois qu'il soit possible d'attribuer plus de créance à l'une qu'à l'autre. Il s'agit d'un nommé Rozarius de Mysie qui se plaint d'être poursuivi pour des dettes publiques ou privées. Justinien veut réprimer l'abus de pouvoir que commettent certains magistrats en imposant la cession à des débiteurs que des malheurs ont empêché de remplir leurs engagements. Défense leur est faite d'obliger les débiteurs à faire abandon de leurs biens, mais il faut que ceux-ci jurent qu'ils n'ont plus de quoi satisfaire leurs créanciers. C'est ainsi qu'ils éviteront l'infamie. Justinien abolit donc dans cette novelle 135 la cession forcée que les préfets de province pouvaient imposer aux débiteurs. Cette cession avait pour effet la honte et la pauvreté, comme dit la novelle. Devant ce résultat inhumain on a cherché (1) une autre explication des termes de la novelle et on a traduit le passage ainsi : le préfet provincial pouvait forcer le débiteur à la cession de biens par tous les sévices possibles ; et le débiteur pour se soustraire préférait perdre ou céder sa fortune plutôt que

---

(1) Vainberg, p. 12?, et s.
(2) Zimmern, p. 2?6, et s.

de vivre jusqu'à la mort en état de pauvreté et de honte. *Perinde quasi dum corporis supplicium ipsi remittitur, maluerit rerum suarum amissionem capessere potius, quam eum inopiæ jugo itidem ad mortem usque premi opprobrio ignominiae.* D'après cette explication il y aurait eu à côté de la cession ordinaire, volontairement consentie par le débiteur, une autre procédure résultant du droit du créancier et par laquelle la cession de biens était exigée du débiteur pour garantir la créance. Cette procédure donnait lieu à des scandales dans le genre de celui dont se plaint Rozarius, et c'est pourquoi Justinien voulait y mettre fin en rétablissant l'ancienne *cessio bonorum* de la loi Julia.

Pour d'autres auteurs, Justinien aurait voulu corriger ce que la *cessio bonorum* pouvait avoir d'affligeant pour le débiteur déshonoré. La cession de biens entraînait toujours une certaine infamie ; alors pour s'y soustraire complètement le débiteur au lieu de faire une cession proprement dite, jurait qu'il n'avait pas de quoi satisfaire ses obligations et laissait les créanciers exercer leurs droits.

Quoi qu'il en soit de ces explications si on ne trouve pas dans cette novelle la preuve évidente que la cession de biens est réservée aux débiteurs malheureux, malgré que dans la plainte de l'intéressé il soit fait mention que l'insolvabilité est survenue à la suite d'un accident, du moins ne peut-on pas déduire avec plus de certitude que la cession peut se produire dans d'autres conditions.

En supposant résolue la question en faveur des débiteurs malheureux, il reste à se demander quelles sont les circonstances d'où résultera la bonne ou la mauvaise foi. Les textes ne sont pas explicites sur ce point ; il est difficile de tirer une doctrine des quelques passages de recueils trouvés par ci par là. L'incendie, le naufrage, le vol sont des cas fortuits et pourront être invoqués par le débiteur qui veut faire cession ; au contraire celui qui se sera livré à des manœuvres frauduleuses pour tromper les créanciers pourra en être déchu sans préjudice de

l'action paulienne qui servira à annuler les actes de disposi·
tion. Le vol et la fraude auront aussi pour effet de faire annuler
la demande de bénéfice et d'en causer la déchéance au cours de
la procédure.

Un débiteur insolvable peut à tout moment faire l'aveu de sa
situation et mettre les créanciers à même d'exercer leurs droits.
Il est de son intérêt de ne pas différer ce moment pour rendre
la cession aussi favorable que possible aux créanciers.

En droit romain, contrairement à notre ancien droit, la cession
était opposable à tous les créanciers. Est-elle accordée aux débiteurs du fisc ? La loi 9, §6, D. *ad. leg. Jul. pec.*, XLVIII, 13,
tout en autorisant des poursuites sévères contre eux ne la leur
refuse pas. Deux constitutions, l'une de 320, l'autre de 353
interdisent aux présidents de province de frapper les débiteurs
avec des verges de plomb et de les incarcérer (loi 3, C. Th. XI, 7;
loi 7, *eod. tit.*). Nous avons déjà mentionné la constitution de
l'empereur Gratien qui assimile le *debitor fisci* au débiteur ordi·
naire. La constitution qui édicte la *custodia militaris* (loi 2 au
code *de exactoribus*, X, 19), ne permet pas de penser que la
cession ait été refusée aux débiteurs du fisc. (*Institutes*, l. III,
T. XXVI, § 8 ; loi 2 au code VII, 71).

Aucun texte n'exige le consentement des créanciers ; il ne
s'agit bien entendu que de la cession forcée, de celle qui constitue pour le débiteur un bénéfice et à laquelle il a un droit
acquis toutes les fois qu'il est de bonne foi et non de la cession
conventionnelle telle qu'elle peut résulter d'une convention intervenue entre l'insolvable et les créanciers et dont les conditions
et les effets sont réglés par l'accord des parties.

Les empereurs étaient souvent sollicités pour accorder des
délais aux débiteurs qui voulaient échapper aux poursuites. Ils
s'en remettaient généralement à la décision des créanciers auxquels ils déféraient le droit d'opter entre la cession et un délai
de cinq ans accordé aux débiteurs. Les créanciers, sans distinguer entre leurs qualités, se réunissaient pour délibérer, et à la

majorité, majorité qui se calculait non d'après le nombre de personnes mais d'après le montant des créances, ils décidaient si le délai devait ou non être accordé : *cum solito more a nostra majestate petitur* (1). Nous ne croyons donc pas fondée l'opinion de certains auteurs (2) qui soutiennent que les débiteurs pouvaient sans autorisation mettre les créanciers dans l'alternative de leur donner des délais ou d'accepter la cession.

Déjà avant Justinien les empereurs Gratien et Valentinien avaient abrogé toutes les dispositions antérieures qui permettaient d'accorder des délais aux débiteurs, sauf le cas où le paiement serait garanti par des fidéjusseurs (loi 6, C. Th. 1 et 2). On ne comprend donc pas les mots *solito more* de Justinien. Pour éviter les inconvénients de la cession, le débiteur était même autorisé à recourir à la dation en paiement. Justinien a décidé en effet que celui qui avait contracté une obligation de somme d'argent pouvait se libérer en abandonnant à ses créanciers quelques-uns de ses biens. Ils étaient estimés par le magistrat et le créancier n'était forcé d'accepter les immeubles qu'à défaut de meubles.

A l'expiration du délai de cinq ans accordé par les créanciers à leurs débiteurs, ceux-ci n'étaient pas exclus du bénéfice de cession, si sans leur faute ils étaient dans la nécessité d'y recourir ; de même une première cession ne les empêchait pas d'en faire une seconde.

---

(1) Tambour, p. 185.
(2. Vainberg. p. 149 ; Accarias, II. p. 9.4.

CHAPITRE III

Formes de la cession

Formes de la cession. — D'après la constitution 6 au Code VII,
71 *qui bon. cess.*, la cession ne se faisait pas sans certaines formalités : *Theodosius apud acta dixit: in omni cessione bonorum
ex qualibet causa facienda, scrupulositate priorum legum explosa,
professio sola quærenda est. Idem dixit: in omni cessione sufficit
voluntatis sola professio.* Ulpien tient le même langage (Loi 8,
Digeste 42, 3). On ne sait pas au juste en quoi consistaient ces
formalités ; il est probable que la cession se faisait *in jure*,
devant le magistrat, dont l'intervention pouvait être utile pour
apprécier la valeur de la *cessio*. Les choses se passaient du moins
ainsi dans la *cessio in jure* ou dans la cession de créances ; il
n'est donc pas impossible que les Romains aient adopté les mêmes
règles pour ces diverses espèces de cessions qui présentent plusieurs points d'analogie. Si l'on admet que la cession de biens
se faisait par une *cessio in jure*, il ne faut pas s'étonner que dans
le code Théodosien l'expression de *cessio* s'applique à la cession
de biens.

Ce formalisme a été supprimé par Théodose, *in omni cessione
sufficit voluntatis sola professio.* Que signifiait exactement ce mot
professio ? D'après certains auteurs (1), il s'applique aux déclarations faites devant l'autorité.

Sous Justinien, la déclaration en justice disparaît elle-même.
(Loi 9 *de cess. bon.*) *Bonis cedere non tantum in jure sed etiam
extrajus potest. Et sufficit per nuntium vel per epistolam id*

____

(1) Tambour, p. 125.

declarari. On peut donc conclure de ce texte que Justinien a apporté un changement dans la législation précédente et que dorénavant la procédure de la *cessio bonorum* se trouve simplifiée.

Cependant on ne concevrait pas un débiteur faisant cession sans soumettre aux créanciers un état de ses biens accompagné de l'énumération de ses dettes, ce que nous appellerions aujourd'hui déposer son bilan. Ce n'est pas là, à proprement parler une forme spéciale de la cession du droit romain, mais plutôt une condition essentielle au but qu'elle doit remplir. Il y avait même une raison particulière de l'exiger pour vérifier si tous les biens du débiteur étaient cédés, car, comme nous le verrons plus loin, la vente doit porter sur l'universalité des biens.

On se demande si l'on ne doit pas exiger du débiteur qu'il affirme son insolvabilité sous serment. Avant la loi Julia on imposait au débiteur un *juramentum bonæ copiæ ;* nous l'avons trouvé mentionné dans la loi Pœtilia ; nous le retrouvons dans d'autres textes. Quoiqu'on ne sache pas exactement sur quoi il portait, néanmoins il est permis de croire qu'il accompagnait toujours la cession de ce temps-là. Mais une fois que la cession fut d'un usage plus courant, à quoi eût-il servi de faire prêter serment au débiteur sur les causes ou les circonstances de son insolvabilité ? Ce serment admis par certains auteurs, n'aurait aucune raison d'être ; au contraire il nuirait à l'intérêt du débiteur lui-même, dans l'hypothèse où celui-ci doit acquérir de nouveaux biens. Il pourrait se voir enlever le bénéfice de la cession en sa qualité de parjure et appliquer la contrainte personnelle. Or c'est précisément cette peine qu'il a voulu éviter. Cette solution n'a pas dû être adoptée par les auteurs romains, qui permettent au contraire au débiteur de paralyser les effets de la cession, en se déclarant prêt à payer *si inferre paratus est.*

La cession de biens tient lieu de *missio in possessionem.* Cependant il ne faudrait pas croire que tout est terminé pour les créanciers quand le débiteur leur a fait abandon de ses biens. Il s'agit de savoir comment ils vont réaliser ce gage. La cession de biens ne les dispense pas de demander l'envoi en possession au préteur. Cette demande peut être faite par un ou plusieurs créanciers, mais l'effet produit par l'abandon des biens du débiteur est général et peut être opposé même à ceux qui n'ont pas fait de demande. Il modifie notamment leur droit de poursuite· Aussi leur accorde-t-on le droit de demander l'envoi en posses°sion, même si la cession n'a pas eu lieu en leur faveur. (Loi 17, pr. *de receptis*. Dig., L. IV, t. VIII.)

Gaïus nous apprend que la *cessio bonorum* doit être suivie de la *missio in possessionem* (§ 78, c. III). Il assimile dans ce texte les débiteurs condamnés et ceux qui font cession, sans que le mode de procéder soit différent dans les deux cas. *Bona autem reneunt aut vivorum aut mortuorum ; vivorum velut eorum qui fraudationis causa latitant, nec absentes defenduntur ; item eorum qui ex lege Julia bonis cedunt* ; et il ajoute dans le § 79 : *Si quidem vira bona reneunt, jubet ea praetor per dies continuos XXX possideri et prohiberi*. Il faudra donc s'adresser au préteur pour fixer les droits des créanciers et régler la marche à suivre pour la vente. La *missio in possessionem* devient donc une formalité urgente.

Nous avons vu que la cession est possible en cas d'aveu extra·judiciaire aussi bien qu'à la suite d'une condamnation, d'une *confessio in jure*. Elle supposera toujours une *causæ cognitio*. Les textes l'admettent quand il s'agit d'un défendeur qui se cache (Loi 18, *si serv. vind.* VIII, 5 ; loi 9, c. *de bon. auct. jud.*, VII, 72) ; certains auteurs (1) pensent que le magistrat devra statuer *pro tribunali* chaque fois que la *missio in possessionem* n'est pas accordée *ex causa judicati*. C'est le cas de la *cessio bonorum* (2). Il faut bien que le magistrat vérifie l'existence du droit allégué. Quand au contraire le réclamant est déjà

---

(1) Zimmern, p. 115.
(2) Accarias, II, p. 921.

muni d'une sentence, il ne reste plus qu'à accorder la *missio in possessionem de pluno*. Mais cependant on comprend difficilement l'intervention du préteur, puisque la cession sous le système formulaire doit être faite *in jure*; pourquoi les créanciers comparaîtraient-ils à nouveau devant lui et lui adresseraient-ils une demande à laquelle le débiteur lui-même ne pourrait s'opposer ?

Rien dans les textes ne nous autorise à croire que le bénéfice de cession devait être demandé par le débiteur dans un certain délai. Le débiteur aura sans doute intérêt à s'en prévaloir tant qu'aucune autre voie d'exécution ne peut être employée contre lui, en cas de condamnation par exemple, dans le délai pendant lequel il est sursis à l'exécution des jugements. Les créanciers peuvent donc refuser la cession faite à un moment où ils n'ont aucun avantage à l'accepter; pour que la cession soit valable, il faut en effet le consentement des deux parties; les expressions *bonis cedere, bonorum cessio, cessionem accipere*, employés dans les textes montrent la nécessité de ce consentement. Sous Justinien, le créancier avait le droit d'accepter la cession ou d'accorder au débiteur un terme de cinq ans.

CHAPITRE IV

Effets de la Cession

Effets de la cessio bonorum. — Les effets de la cession, envisagés par rapport aux créanciers, sont ceux de la *missio in possionem*. Mais nous avons aussi à les étudier par rapport aux débiteurs.

a) *Effets sur les créanciers*. — C'est l'édit du préteur qui mettait les créanciers en possession ; mais il leur était défendu d'employer la force et la violence. Cicéron nous le dit dans un plaidoyer pour Quintius (*Pro Quintio*, ch. XXVII). Il prend à partie Névius, l'adversaire de son client, et lui adresse ces paroles : ... *De te loquitur, Nœvi. Ais enim te ex edicto venisse : tibi quid facias, definit : te instituit. tibi prœcepta dat. Eos ita videtur in possessione esse opportere : Quomodo ? Quod ibidem recte custodire potuerunt, et ibidem custodiant. Quod non poterunt, id auferre et abducere licebit. Quid tum ? dominum inquit, invitum detrudere non placet.*

L'interdit *ne vis fiat ei qui in possessionem missus erit* est donné aux créanciers pour garantir les droits que leur conférait l'édit (Loi 1, D. L. 43, t. 4). *Ait prœtor, si quis dolo malo fecerit quominus quis permissu meo, ejusve, cujus ea juridictio fuit. in possessione bonorum sit, in eum in factum judicium. quanti ea res fuit, ob quam in possessionem missus erit, dabo* ; cela non seulement quand il y a eu violence commise, mais même quand il y a eu simple dol. *Nec exigitur ut vi fecerit qui prohibuit* (Ulpien, loi 1, § 3 eod. tit.). C'est le seul interdit qui soit mis à la disposition des créanciers. Ulpien leur refuse l'interdit *uti possidetis quia non possident* (Loi 3, § 8, D. Liv. 43, t. 17).

Creditores missos in possessionem rei servandœ causa interdictio uti possidetis uti non posse.

L'effet de cet envoi en possession n'était pas de rendre les créanciers propriétaires ni même possesseurs ; ils ont seulement le droit de conserver et de vendre les biens. *Pro debito creditoris addici sibi bona sui debitoris non jure postulant* (Const. 6 *de bonis auct. jud.* Code L. 7, T. 72). Cette possession ne pouvait pas les conduire à l'usucapion ; *vel alii creditores missi dominium ex ea causa tenentes adipisci minime possunt* (Const. 8 au même titre). Ce n'est que par la *prœscriptio longi temporis* qu'ils pourront devenir propriétaires (Const. 6 et 8). Cependant la constitution IV, l. 7, T. 71 *qui bonis ced. poss.* conclut que celui à qui la cession a été faite ne saurait invoquer la *prœscriptio longi temporis*, à la différence de ce qui se passe quand il y a eu *datio in solutum* (1).

Il était inutile de transférer la propriété des biens aux créanciers puisqu'ils doivent les vendre, mais l'envoi en possession leur permet de les détenir et de les garder ; cela se comprend si l'on considère le but même de l'envoi en possession ; comme son nom l'indique, *missio in possessionem rei servandœ causa,* elle est une mesure essentiellement conservatoire ; il est donc naturel de confier aux créanciers eux-mêmes la garde de leur gage, garde qui entraîne le droit d'administration.

Ce droit peut être exercé par le créancier lui-même (Loi 9, pro *De rebus auct. jud.* et loi 8, § 1, D. liv. 42, T. 5). S'il y en a plusieurs, il est difficile de le confier à tous concurremment ; aussi n'est-il exercé que par un seul (Loi 15, *eod. tit.*). *Cum plures creditores in possessionem rerum debitoris mittantur, ne corrumpantur rationes, uni hoc negotium a creditoribus esse dandum, quem major pars creditorum elegerit.*

Le curator ainsi nommé, soit par les créanciers, soit par le

____

(1) Tambour, p. 170.

magistrat quand il s'agit d'exercer les actions du débiteur (Loi 14 pr. *De rebus auct. jud.)* pouvait refuser cette fonction, a moins qu'en raison de la gravité des circonstances, l'empereur ne lui eût donné l'ordre formel de l'accepter (Loi 2, § 3, *De cur. bon. dando,* D. L. 42, T. 7). Il avait pour mission de représenter la personne du débiteur ; des actions utiles sont données contre lui et c'est contre lui que les créanciers devaient agir pour faire reconnaître leurs droits.

Quand il agit dans la limite de ses pouvoirs, il oblige les créanciers, mais quand il n'a pas été élu à la majorité, ceux qui lui ont donné leur voix auront contre lui l'action de mandat, les autres, l'action de gestion d'affaires. (Loi 2, § 1, de *Cur. bon. dando.* — Loi 22, § 10, *mandati vel contra,* D. L. 17, T. 1). Si étant plusieurs ils se sont partagés l'administration, ils sont tenus chacun d'eux par une action *in solidum,* à laquelle cependant peut se soustraire celui qui a été nommé malgré lui. (Loi 2, § 2 et 5 de *cur. bon. dando* et loi 46, § 1 *de admi. et peric. tutorum,* D. L. 26, T. 7.)

Les créanciers ont le droit et même le devoir de faire valoir les biens, ils sont responsables de la perte qu'ils ont fait subir par leur négligence, mais ils peuvent les abandonner quand ils ne veulent plus s'en charger. (Loi 9, § 6, *De reb. auct. jud.).* Ils perçoivent les fruits et les vendent. Ils afferment les biens; quand leur administration prend fin, soit au moment de la vente, soit à la suite du paiement effectué par le débiteur, ils sont tenus de rendre compte des fruits perçus, et par fruits on entend non seulement les produits périodiques mais encore tout ce qu'ils ont touché à l'occasion de leur gestion ; s'il s'agit de créances, ils doivent les céder. En retour ils ont le droit d'être dédommagés des dépenses qu'ils ont faites de bonne foi, même s'il n'en est résulté aucun profit. Voici en effet comment s'exprime la loi: *Prætor ait: Si quis, cum in possessione bonorum esset quod eo nomine fructus ceperit, ci ad quem ea res pertinet non restituat: sire quod impensæ sine dolo malo fecerit, ei non præstabitur ; sive dolo malo ejus deterior causa possessionis facta esse dicetur ; de ea re judicium in factum dabo.* (Loi 9 pr. de rebus auct. jud.).

Pour garantir aux créanciers la détention des biens du débiteur ils ont le droit de gage appelé *pignus prætorium*. La loi 26, pr. Ulpien *de pign. act.* D. L. 13, T. 7, porte en effet : *non est mirum si ex quacunque causa magistratus in possessionem aliquem miserit, pignus constitui.* Il a pour but de leur assurer la préférence sur tous les créanciers postérieurs à la *missio in possessionem*, mais il n'établit aucune préférence entre les divers créanciers qui en profitent. (Loi 5, § 3 et 4, *Ut in poss. leg.*, D. L. 36, T. 4), car, comme nous le verrons, l'envoi en possession profite à tous les créanciers.

Le *pignus prætorium* résulte de la *missio in possessionem* et est donné dans tous les cas où elle-même est donnée, c'est-à-dire à la suite d'une sentence ou d'une *confessio in jure*, ou bien à raison du défaut ou de l'insuffisance des défenses du débiteur ; de plus il porte sur tous les biens du débiteur corporels ou incorporels (Loi 1, C. *De prætorio pignore*, L. 8, T. 22). *Si prætorio pignus quicunque judices dandum alieni perspexerint, non solum super mobilibus rebus et immobilibus et a se moventibus quæ debitori competunt, præcipimus hoc eis licere decernere.* Il diffère par là du *pignus ex causa judicati captum* dont on a fait dériver notre hypothèque judiciaire, et qui lui ne porte que sur quelques objets. Ce *pignus prætorium* a pour but de fixer la situation respective des créanciers et du débiteur ; à partir de la prise de possession effective le débiteur se trouve dessaisi et ne peut pas consentir des actes de disposition ; dans leurs rapports entre eux les créanciers gardent les causes de préférence qu'ils peuvent avoir acquises, *in rebus autem officio judicis partiendis suam vim singulis creditoribus habentibus quam eis legum præstabit regula.* (Const. 8, *qui bonis ced. pos.*, 7, 71).

On s'est demandé si les créanciers avaient un droit de suite pour reprendre le gage dont ils ont perdu la possession : La question faisait doute avant Justinien. *Veteris juris dubitationem decidentes* (loi 2 C., L. 8, T. 22). Ce prince tranche la question dans le sens de l'affirmative et décide que les créanciers pourront toujours en vertu du *pignus prætorium* recouvrer la possession, l'eussent-ils perdue par leur propre faute *et in prætorio pignore dare recuperationem creditori quocumque modo possessionem amittat, sive sua culpa, sive non, sive fortuito casu* (Const. 2, C. *de prætorio pignore*, L. 8, T. 22). Cette constitution a-t-elle réellement la portée qu'on lui assigne ? Il semble qu'elle ne s'occupe que de la question de savoir si la possession effective nécessaire pour l'acquisition du *pignus prætorium* l'était aussi pour sa conservation. Justinien répond oui ; mais a-t-il songé au cas où l'un des objets sur lesquels portait le droit de gage est tombé entre les mains d'un tiers acquéreur ? Il est permis d'en douter.

Nous avons vu plus haut que l'envoi en possession obtenu par un créancier profitait à tous. Cette solution résulte de différents textes et notamment de la loi 5 au Digeste, § 2 : *Ut in poss. leg.*, L. 36, T. 4. *Si plures legatarii mitti in possessionem desideraverint, omnes venire debent in possessionem; is enim qui ex causa legatorum possidet sibi, non alii possidet. Alia est causa, quum creditores rei servandæ causa mittuntur in possessienem, nam is qui possidet non sibi, sed omnibus possidet*; et de cette loi de Paul : *quum unus ex creditoribus postulat in bona debitoris se mitti, quæritur, utrum solus is, qui petit, possidere potest ? an cum unus petit et prætor permisit omnibus creditoribus aditus sit ? et commodius dicitur, cum prætor permiserit, non tam personæ solius petentis, quam creditoribus et in rem permissum videri* (Loi 12 Dig. pro *De rebus auct. jud.*).

Sous le système formulaire et tant que dura la *venditio bonorum*, l'envoi en possession était général et s'étendait à tous les biens compris dans le patrimoine du débiteur. *Omnino autem bona possessa non esse constitui ; quod bonorum possessio spectetur non in aliqua parte, sed in universis, quæ teneri ac possideri possint* (Cicéron, pro *Quintio*, ch. XXIX). Il y avait une exception pour certains droits intransmissibles, attachés à la personne (Loi 38, *Paul de rebus auct. jud. possid.*). *Bonis renditis excipiuntur concubina et liberi naturales*), comme les statues élevées en l'honneur du débiteur (Loi 29, *eod. tit.*).

Dans la procédure extraordinaire, la *bonorum distractio* remplaça la *bonorum renditio*. Quant à la *missio in possessionem*, elle ne peut être obtenue que par les créanciers porteurs d'un jugement ; les autres créanciers qui veulent bénéficier des effets de la vente doivent le déclarer dans un délai qui va de deux à quatre ans, selon qu'ils résident ou non dans la même province que les envoyés en possession. La vente n'est plus possible qu'après l'expiration de ces nouveaux délais.

b) *Effets sur le débiteur.* — L'envoi en possession a pour effet principal de dessaisir le débiteur, de lui ôter l'administration et la jouissance de ses biens. Cependant, par une faveur spéciale, des aliments sont assurés aux pupilles qui, n'ayant pas été défendus, ont dû subir l'envoi en possession de leurs biens par leurs créanciers (*Sent de Paul, L. 5, T. 5 ; D. loi 33, pr. de rebus auct. jud.*).

Nous avons déjà parlé des atteintes portées à l'*existimatio* du débiteur par l'envoi en possession. Le débiteur se voyait notamment exclu des fonctions municipales (*Table d'Héraclée : cujusque bona ex edito ejus qui juricunde præfuit præfuerit præterquam si cujus quam pupillus esset reive publicæ causa abesset, neque dolo malo fecit fecerit, quomagis reipublica causa abesset, possessa proscriptare sunt, erunt.*)

Enfin le débiteur devait fournir la caution *judicatum solvi* dans toutes les actions où il était défendeur (Gaius, IV, § 102).

AVANTAGES RÉSERVÉS AU DÉBITEUR

1º *Éviter l'emprisonnement.* — L'effet principal de la cession de biens est de permettre l'exécution sur les biens seulement et non pas sur la personne du débiteur (Loi 1, C. VII, 71). L'emprisonnement pour dettes n'avait pas disparu pour cela ; il était réservé aux débiteurs de mauvaise foi, à ceux qui dans notre opinion ne pouvaient pas faire cession. Néanmoins la condition du débiteur insolvable par sa faute n'était pas aussi rigoureuse au temps où la cession était usitée, qu'à l'époque de la loi Pœtilia. Sans doute c'était toujours le principe de l'ancienne *manus injectio*, mais avec de notables adoucissements. Ainsi il était interdit aux créanciers de le vendre ou de le tuer ; mais il leur était adjugé et emmené comme prisonnier dans leur maison avec l'obligation de les servir, sans être esclave ; sa dette payée, il recouvrait sa liberté et tous les privilèges de l'ingénuité (Quintilien, *Inst. orat.* V, 10, 60, 3, 27 ; Gaius, III, 189 à 199) (1). Il était nourri aux frais des créanciers.

Donc en dehors de la cession, l'exécution personnelle fut conservée et rien ne s'opposait à ce que les créanciers pussent y joindre la *venditio bonorum*, c'est-à-dire la voie d'exécution sur les biens, sans qu'ils eussent à s'inquiéter si les biens à vendre étaient suffisants pour que leur produit pût les désintéresser. Aucun texte ne nous autorise à penser que l'exécution sur la personne était subordonnée à la non efficacité des poursuites intentées au préalable sur les biens, comme l'ont cru certains auteurs (2).

2° *Eviter l'infamie.* — La vente des biens, quand elle était précédée de la cession, n'entraînait pas l'infamie (Loi 11, C. 2, 12). *Ex quibus causis infamia irrogatur* ; Constitution d'Alexandre. *Debitores qui bonis cesserint licet ex ea causa bonorum tenerint, infames non fiunt.*

L'infamie s'analyse en un certain nombre de déchéances. L'infâme perd d'abord *le jus suffragii*, (Tite L. VII) puis *le jus honorum*, qui l'écarte des dignités municipales et des magistratures romaines,

---

(1) Explication des *Institutes de Justinien*, t. 2, p. 581.
(2) Van Wetter, II, p. 216.

et le raie même de la liste des juges (Cic. Procluent: 42, *Tabl. Heracl.*, cap. VIII; Loi 1, *ad. leg. Jul. de vi priv.*, L. 48, T, 7); il n'a plus non plus *le jus accusandi*, ou droit d'exercer une action publique, à moins qu'il ne s'agisse de venger une injure personnelle ou la mort d'un proche (Loi 8, Loi 11, *pr. de accus.*, L. 48, T. 2). L'infâme ne peut constituer un *cognitor* ni un *procurator*. Les lois caducaires prohibèrent le mariage de l'homme ingénu avec une *lena*, ou toute femme notée d'infamie (Ulpien, XIII, § 2; XVI, § 2). Cependant le mariage de la femme ingénue et de l'homme *infamis* n'était pas prohibé.

La *bonorum cessio* entraîne cependant une certaine flétrissure pour le débiteur, parce qu'elle entame son *existimatio*. C'est une espèce de *capitis deminutio* que le jurisconsulte Callistrate désigne ainsi (1) : *dignitatis illaesae status legibus ac moribus comprobatus*, mais qui n'entraîne pas de conséquences juridiques. La considération dont jouissait le débiteur auprès de ses concitoyens n'est plus aussi grande, mais aucune incapacité ne s'en suit.

Un certain déshonneur était du reste aussi attaché à l'envoi en possession ; nous lisons en effet dans un des plaidoyers de Cicéron pour Quintius, plaidoyer qui avait pour but de faire déclarer la nullité d'un envoi en possession : *Cujus bona ex edicto possidentur, hujus omnis fama et existimatio cum bonis simul possidetur.* (Ch. 15.) Ce deuxième effet de la cession, quoique moins important que le premier au point de vue juridique, n'était pas cependant sans avoir une grande portée aux yeux des Romains. Ils redoutaient d'être entachés d'infamie et on s'explique ainsi l'action qui est donnée contre celui qui de mauvaise foi a fait afficher la vente des biens d'une personne dont il se prétend à tort créancier. L'institution des esclaves comme héritiers nécessaires nous donne aussi une idée de la

---

(1) Accarias, t. I, p. 178, note 2, 4e édition.

crainte qu'ils avaient de mourir infâmes. Pour éviter ce malheur, ils instituaient héritier un de leurs esclaves ; cet esclave, en sa qualité d'*heres necessarius*, était définitivement et irrévocablement lié à l'hérédité et frappé en même temps qu'elle d'infamie. Son nom, et non celui de son patron, figurait sur les affiches de la vente. Bien que cet affranchissement fût fait *in fraudem creditorum* et fût par conséquent entaché de nullité, la loi céda aux exigences de la pratique et en admit la validité pour permettre l'institution dans ces conditions. Ce procédé n'était pas logique ; beaucoup d'auteurs ne voulurent pas admettre que l'esclave affranchi pût être taxé d'infamie pour des faits auxquels il était resté étranger. L'opinion contraire, qui voulait que la *venditio* rendît quelqu'un infâme prévalut, et l'esclave payait de ce prix sa liberté (1). *Habet autem hujus infamiae pretium servus.* (Théoph. *de hered. qual. et diff.)*

Quand la *bonorum venditio* fut remplacée sous le règne de Dioclétien par la *distractio bonorum* ou vente en détail, le débiteur n'encourait plus l'infamie, la distraction eut pour effet de l'en préserver ; mais il résulte de la constitution 8 de Justinien que la vente en détail ne laissait pas subsister dans toute son intégrité l'*existimatio* du débiteur (2). Justinien, en accordant à tous les débiteurs le bénéfice de la cession, ajoute ces mots : *Salva eorum existimatione et omni corporali cruciatu remoto qui bonis cedere poss.* (Loi 8 au code. L. 7, T. 71.)

Pour soutenir que la *distractio* n'entraîne pas l'infamie du débiteur, on allègue que l'infamie étant attachée à la *venditio* elle-même, dont elle est la conséquence, doit disparaître avec elle. Si cette conclusion peut être tirée de certains textes (Gaïus, 2, 154, Loi II, C. L. II, T. 12), il est établi dans d'autres au contraire que l'infamie résulte aussi bien de la *possessio* ou de la

---

(1) Tambour. P. 233.
(2) Tambour. P. 211.

proscriptio (Cic., *pro Qnintio* 7, 8, 9, 15 et Gaïus, IV, 102).
On ne sait donc quel parti prendre. Mainz (1) a essayé de concilier ces textes en disant que l'infamie, bien que produite au
début des poursuites dans la *possessio* ou la *proscriptio*, ne devenait définitive que si le débiteur laissait la vente se produire en
n'arrêtant pas les poursuites. Il ne suffirait donc pas d'appréhen-
der les biens du débiteur et de les afficher en vente pour désho-
norer le débiteur ; la vente seule aurait cet effet. Cicéron dit
aussi : *Cujus bona ex edicto possidentur, hujus omnis fama et
existimatio cum bonis simul possidetur (Pro Quintio 15.)*

Cette première argumentation ne suffit donc pas pour trancher
la question de savoir si la *distractio bonorum* entraîne ou non
l'infamie.

Le texte de Gaïus inséré dans la loi 5 de curat. fur. D. L XXVII,
T. X, paraît plus concluant, il dit ceci : *Curator ex S. C. constituitur, cum clara persona veluti senatoris, vel uxoris ejus,
in ea causa sit, ut ejus bona venire debeant, nam ut honestius
ex bonis ejus quantum potest, creditoribus solveretur, curator
constituitur, distrahendorum bonorum gratia, vel a praetore, vel
in provincis a praeside.* L'argumentation roule sur le mot
honestius que l'on traduit par les mots sans encourir l'infamie.

La *distractio bonorum* n'avait été autrefois introduite qu'en
vue de favoriser certaines personnes illustres, *clarae personae*
auxquelles on voulait éviter les conséquences infamantes de la
*venditio bonorum. Ut honestius ex bonis ejus quantum potest,
creditoribus solveretur.* (Loi 5 de curat. furios). Ce bénéfice restreint d'abord à certaines personnes fut ensuite généralisé.
D'après la loi 9 de curat. furios. les créanciers avaient le droit
de choisir entre la *bonorum venditio* et la *distractio*, mais sans
pouvoir revenir sur le choix une fois fait. Cette loi ne régissait-
elle que les *personae clarae* dont parle Gaïus dans la loi 5 ?

______

(1) Mainz, 2, 602.

Certains auteurs (1) l'ont affirmé et ils sont fort embarrassés pour expliquer que la *distractio bonorum* a été créée dans le but d'éviter l'infamie aux *personae clarae*. L'opinion contraire est plutôt suivie ; la mesure devait être impérative ; il n'est pas facile de déterminer à quelles personnes s'étend au juste la *distractio bonorum* ; mais si la loi n'édicte pas une mesure générale, il faut supposer qu'à l'égard d'autres personnes la *distractio bonorum* sans être obligatoire était cependant permise. Quelles sont ces personnes ? Il est impossible de le savoir. Toujours est-il que cette vente remplace petit à petit la *venditio bonorum*.

Il est enfin une opinion d'après laquelle la vente en détail serait infamante comme la vente en bloc. Il est dit en effet dans les constitutions des recueils de Justinien pour l'époque où existait déjà la *bonorum distractio* que la *cessio* entraînait l'infamie. S'il en est ainsi, quelle innovation apportera la *distractio bonorum* ? Les constitutions ne parlent que de la cession et ne mentionnent pas la *distractio*. Il faut donc conclure que la première seule entraîne l'infamie. On peut répondre à cette façon de raisonner que toutes les constitutions ne correspondent pas au temps où la *distractio* était la règle de droit commun.

C) *Bénéfice de compétence.* — Le débiteur qui a fait cession jouit du bénéfice de compétence qui lui permet de se soustraire aux poursuites des créanciers, s'il n'a pas fait d'acquisitions nouvelles ; il leur opposera l'exception *nisi bonis cesserit* ; la loi 6 de cess. bon., dit en effet : *qui bonis suis cedit, si modicum aliquid post bona sua vendita acquisicerit, iterum bona ejus non veneunt.* Si un jour il acquiert des biens de quelque importance, il a l'avantage de n'être condamné que jusqu'à concurrence de ses moyens, la loi 7, au Digeste, L. 42, T. 3,

---

(1) Accarias, II, n° 782 ; Tambour, p. 238.

exige qu'il ait acquis des biens d'une certaine valeur, *facultates quibus praetor moveri possit ;* c'est au magistrat ou au juge à apprécier s'il doit admettre ou non une vente nouvelle en se décidant d'après la nature et le but de ses biens ; mais même dans ce cas le débiteur jouit du bénéfice de n'être condamné que *in id quod facere potest,* à l'égard de tous les créanciers poursuivants ou non, dont le droit est antérieur à la *cessio.* (Const. 3 de bon. auct. jud.).

Quel est l'effet de la cession de biens sur les anciennes obligations du débiteur ? Cette question se pose aussi à propos de la *venditio bonorum.* La solution est la même dans les deux espèces. Cette cession libère-t-elle le débiteur ? Plusieurs textes répondent à cette question, mais de façon différente. La loi 25, § 7, D. L. 42, T. 7, *quae in fraud. cred.,* ne donne aucune action *ex ante gesto* contre le débiteur après la *bonorum venditio.* D'autre part nous trouvons dans Gaïus II, § 155, ce passage : *quorum bona venierint proportione, si quid postea adquirant, etiam saepius eorum bona venire solent.* On a cherché à concilier ces deux textes ; certains auteurs (1) prétendent que les créanciers ne pourront agir *ex ante gesto* en vertu de droits antérieurs, mais qu'ils pourront poursuivre l'exécution sur les biens nouvellement acquis. D'autres (2) voient dans ce système un moyen de favoriser certains créanciers, ceux qui ont un titre exécutoire provenant d'une sentence ou d'une *confessio in jure.* Tous ceux au contraire qui n'ont pas fait valoir leurs créances pour un motif ou pour un autre sont privés de tout recours. Aussi pour remédier à cette situation injuste propose-t-on d'interpréter ainsi l'interdiction d'agir *ex ante gesto* : les actions ne sont pas éteintes de plein droit contre le débiteur ; il ne pourra les repousser au moyen d'une exception que s'il n'a pas acquis de nouveaux biens. Mais nous doutons fort que l'exception

(1) Tambour, p. 24.
(2) Zimmern, p. 239 et n° 3).

ainsi invoquée puisse procurer au débiteur les avantages attachés à la cession ; elle ne l'exemptera notamment ni de la prison ni de l'infamie auxquelles il s'expose dans la *renditio
bonorum*, si elle n'est pas précédée de la cession, car il ne faut
pas confondre l'exception ainsi accordée avec le bénéfice de compétence.

Cette idée appliquée à la cession se base sur les expressions
de la loi 1 au Code : *qui bonis ced. poss.* de l'empereur
Alexandre ; *ceri solidum creditor receperit non sunt liberati*;
et le dernier § du titre *de actionibus* de Justinien qui supposent
que les créanciers poursuivent par voie d'action celui qui a fait
cession.

Au surplus la situation défavorable dans laquelle se trouve-
raient les créanciers qui n'ont pas pu faire valoir leurs droits
pouvait être corrigée par *l'in integrum restitutio*. Cette action est
en effet donnée aux personnes que leur situation a mises dans
l'impossibilité d'agir en justice et de veiller à la conservation de
leurs droits (1).

Certains auteurs allemands (2) ont voulu voir une différence
entre l'exception *quod facere potest* et le bénéfice de compétence.
Elle résulterait de ce passage de la loi 1 : *in condemnatione per-
sonarum qnae in id facere possunt damnantur, non tantum quod
habent extorquendum est, sed et ipsarum ratio habenda est ne
egeant*, qu'ils expliquent ainsi : ceux qui sont condamnés *in id
quod facere possunt* ont le droit de ne pas être condamnés lors
de l'exécution de la sentence sur tout ce qu'ils ont ; on doit leur
laisser de quoi vivre. Ce serait aussi le sens de la loi 19, § 1,
L. 42, T. 1 du Digeste d'après laquelle l'exécution ne doit pas
porter sur le tout. Il y aurait donc cette différence entre la condamnation *in id quod facere potest* et le bénéfice de la compétence, c'est que dans la première le juge remettrait une partie

---

(1) Accarias, n° 912.
(2) Zimmern, p. 118.

de la dette dans sa sentence, tandis que dans la seconde la sentence ne recevrait pas une exécution tout entière ; il en résulterait qu'avec l'exception le débiteur serait libéré du surplus, mais pas avec le bénéfice. Ces différences toutefois auraient été effacées à la suite des modifications apportées à la *litis contestatio*.

Cependant la lecture du paragraphe entier des textes dont on a voulu tirer ces conclusions n'autorise pas une semblable interprétation ; il s'agit du bénéfice de compétence accordé au donateur et Paul s'occupe de ce qu'il faut déduire de la condamnation. Il en résulte donc qu'avec l'exception le débiteur avait seulement la faculté de n'être condamné que jusqu'à concurrence de la valeur de son patrimoine. (173 D., L. 50, T. 17.)

L'appréciation du patrimoine nécessaire pour fixer la somme à laquelle le débiteur devait être condamné était faite par le juge à l'époque formulaire et par le magistrat sous la procédure extraordinaire. Pour apprécier le *quod facere potest* on suit les mêmes règles que pour évaluer le pécule : le juge doit se placer au jour du jugement et non pas au jour de la *litis contestatio* pour déterminer la fortune du débiteur. (Loi 63, § 3, D. L. 17, T. 2, Pro soc.) L'actif se calcule sans déduction des dettes (Loi 16, L. 42, T. 1 *de re jud.*) (1), ce qui se comprend aisément, car autrement les créanciers les plus favorisés seraient précisément ceux qui n'auraient pas exercé les poursuites, leur gage se trouverait augmenté sans raison. Cependant on déduit dans tous les cas les dettes sanctionnées par les condamnations prononcées postérieurement à la cession. (Loi 19, *pr. de re jud.*)

Effets du bénéfice de compétence. — Le bénéfice de compétence fait durer les avantages de la cession de biens. Il en est le complément, sans lui la cession ne constituerait pas un avantage

______

(1) Accarias, II, p. 1273.

sérieux pour le débiteur ; il faut en effet que le débiteur, après avoir fait abandon de ses biens aux créanciers, soit assuré d'une certaine impunité pour les poursuites ultérieures qui pourraient être exercées contre lui à raison des mêmes faits qui ont donné lieu à la cession.

Il existe une certaine analogie entre la cession de biens et le bénéfice de compétence ; les deux évitent au débiteur l'emprisonnement que lui ferait encourir une condamnation. Mais tandis que l'exception de compétence n'est accordée qu'à certaines personnes limitativement déterminées, la cession est permise à tous les débiteurs, de bonne foi bien entendu ; et elle est opposable à tous les créanciers dont le droit est antérieur à la cession. (Const. 3 *de bon. auct. jud.)* sans distinguer entre ceux qui ont exercé et ceux qui n'ont pas exercé de poursuites. (Loi 4, § 1 *de cess. bon.)* (1).

D'après Thibaut (2) le bénéfice de compétence peut aussi être opposé aux créances contractées après la cession, même quand les créanciers concourent avec les créanciers antérieurs à cette cession. Il appuie son opinion sur la loi 4 pr. et le § 1 D. l. 42, T. 3 : *is qui bonis cedit, si quid postea acquisiverit, in quantum facere potest convenitur. Sabinus et Cassius putabant eum qui bonis cedit, nequidem ab aliis, quibus debet, posse inquietari* et la loi 6 du même titre, *qui bonis suis cessit, si modicum aliquid post bona sua vendita acquisivit, iterum bona ejus non veneunt.*

Mais les créanciers postérieurs à la cession que cet auteur veut voir dans les expressions *nequidem ab aliis, quibus debet* sont plutôt des créanciers antérieurs qui n'ont pas fait valoir leurs droits pendant le temps de la procédure. La loi 3 au Code, L. 7, T. 72 vient du reste détruire son raisonnement ; aux termes de

(1) Thibaut, *Civilistiche Abhandlungen.* p. 345 et 348.
(2) Tambour. p. 231.

cette loi, si une convention précède la cession de biens, les créanciers ne peuvent plus poursuivre le débiteur qui est protégé par une exception. On en conclut que le droit de poursuite existe si un contrat au lieu de précéder suit au contraire la cession, ce qui est rationnel, car la cession n'a trait qu'à une situation déterminée; ses effets ne vont pas au-delà, car sans cela il suffirait à un débiteur de faire cession, puis de passer de nouveaux contrats pour échapper aux poursuites auxquelles ils l'exposent.

Les textes ne nous disent pas si le bénéfice de compétence accordé au débiteur avait pour effet de lui faire éviter l'infamie. Mais il est facile de combler cette lacune et de résoudre la question affirmativement en songeant que c'est la *bonorum venditio* qu'on avait voulu éviter avec ses conséquences et par conséquent l'infamie qui y était attachée.

Une autre analogie réside aussi dans ce fait que les deux avantages ne libèrent pas le débiteur de ses anciennes obligations. Dans le droit classique la question n'offre pas de difficultés; l'effet de la *litis contestatio* fait forcément disparaître l'obligation civile, mais elle est remplacée par une obligation naturelle. Ce résultat contraire à l'équité, le juge le corrige en exigeant du défendeur qu'il donne la promesse de payer un jour ce qu'il ne peut pas payer sur le moment. Quoique sous Justinien le droit litigieux ne s'éteigne plus par la *litis contestatio*, cette promesse est encore imposée au défendeur. (*L. unic.*, § 7, C. de *rei ux.*, L. 5, T. 13).

La bonne foi est exigée du débiteur qui veut se prévaloir de l'exception aussi bien que de celui qui veut faire cession. Une faveur n'est accordé qu'à celui qui la mérite. Cette règle est appliquée aux divers cas prévus par le digeste. (Loi 4, § 2 et 3, *quod cum eo qui in al. pot.*, D. L. 14, T. 5 ; loi 67, § 3 *pro socio.* D. L. 17, T. 2 ; loi 18, § 1 *sol. matr.*, L. 24, T. 3 ; loi 22, § 1 ; loi 52 de *re judicata*, L. 52, T. 1 ; loi 14, § 1 Dol. matr. ; loi unic. § 7 C. de *rei ux.*). Si la bonne foi est exigée du débiteur pour pouvoir conserver les avantages de la cession, conçoit-on que cette bonne foi ne soit pas exigée de lui pour la cession elle-même ? Aussi ces textes nous fournissent-ils un nouvel argument en faveur de l'opinion que nous avons adoptée sur la nécessité de la bonne foi dans la cession.

Le débiteur ne doit être condamné que *in quod facere potest*. Il fallait pour ne pas rendre illusoires les sacrifices faits par le débiteur lui garantir la propriété des choses nécessaires à la vie. Le reste pouvait être exigé de lui ; le juge ou le magistrat avaient la faculté d'apprécier. Cette faveur semble n'être accordée qu'à celui qui fait cession (Loi 6 de *cess. bon.*) et au donateur, parce-que sa libéralité ne doit pas le réduire à la misère (Loi 19, § 1, loi 50 de *re jud.*). Cependant un texte de Paul (Loi 173 pr. de *reg. jur.*) dit que le juge doit laisser de quoi vivre (*ne egeant*) à toutes les personnes munies de l'exception *quod facere potest*. Paul se référait sans doute à l'hypothèse particulière d'une donation. Justinien a généralisé ce texte.

Ulpien trace quelques règles au magistrat et se demande si l'estimation devra être faite en *quantitate ejus quod acquisitum est an vero ex qualite*. (Loi 66, L. 42, T. 3). *Et putem ex quantitate id aestimandum esse ejus quod quaesiit* ; ces mots ont été interprétés comme se rapportant aux revenus des choses qu'il sagit d'évaluer.

Nous avons vu que les nouveaux biens qu'acquérait le débiteur après la cession ne pouvaient être saisis ni vendus qu'autant qu'ils présentaient une certaine importance : si donc une nouvelle action est intentée contre lui par les créanciers antérieurs et postérieurs à la cession, les premiers seront obligés de lui laisser *aliquid ne egeat*, puisque le bénéfice de compétence ne peut-être opposé à ceux qui sont antérieurs à la cession. C'est la solution commandée par les principes que nous avons admis, les créanciers postérieurs vont donc en profiter. Cependant ne vaudrait-il pas mieux décider d'une façon plus conforme à l'équité, que du moment où la cession a produit ses effets et où il sagit de nouveaux biens, les créanciers doivent être mis sur le même rang et se partager les biens proportionnellement à leurs créances ? Si l'intérêt du débiteur est sacrifié, puisque tous ne sont pas obligés de lui laisser *aliquid ne egeat*, pourquoi les uns seraient-ils avantagés plutôt que les autres ?

DROIT FRANÇAIS

DROIT FRANÇAIS

DE LA CONDITION DES PERSONNES EN ALGÉRIE

Dispositions générales et division

Sous ce titre, *De la condition des personnes en Algérie,* nous entendons l'étude des lois spéciales auxquelles sont soumises les diverses catégories d'habitants de ce pays et dont l'ensemble forme la législation algérienne. La condition juridique de ces personnes diffère en effet beaucoup de celle de leurs compatriotes de France, tant à cause de la présence d'un élément nouveau, l'élément indigène musulman, qu'à cause de la nature même du pays qui est une colonie (1). Il en sera ainsi aussi longtemps que l'assimilation du monde musulman ne sera pas complète et que l'Algérie sera un pays de colonisation.

Nous nous proposons d'étudier le régime spécial des indigènes musulmans et des étrangers. Nous ne parlerons pas de la condition des Français établis en Algérie, car les particularités qu'elle présente rentrent plutôt dans le droit administratif.

Un mot d'abord sur les musulmans et les étrangers.

Les musulmans indigènes qui forment le groupe le plus nombreux et le plus intéressant sont ou Arabes, ou Kabyles ou Mozabites. Jusqu'en 1870 on comptait encore des indigènes israélites. Les Arabes, qu'on appelait autrefois Berranis ou Maures,

---

(1) Nous employons ce mot dans son sens large. Nous ne voulons pas prendre parti dans la discussion sur le point de savoir si l'Algérie est une colonie ou le prolongement de la France.

sont les descendants des anciens conquérants du Nord de l'Afrique qui dans le courant des VIIe, XIe et XIIe siècles ont envahi le pays primitivement occupé par les peuplades de race berbère et de race noire. Ils suivent la religion mahométane, révélée au prophète et contenue dans le Koran. Ce livre est aussi le fondement de leur législation et constitue même l'unique source de leur droit, les doctrines des jurisconsultes qui ont fondé les quatre rites orthodoxes n'en sont que des commentaires et n'ont pas altéré le texte. Les Arabes de l'Algérie suivent le rite malékite, le plus répandu dans le pays.

Le nombre des musulmans s'est élevé au dernier recensement(1) au chiffre de 3.559.687 sur une population totale de 4.109.987 d'habitants. Dans ce nombre sont compris tous les indigènes musulmans ; mais notre étude nous forcera à mettre dans des catégories à part les Kabyles et les Mozabites qui quoique beaucoup moins nombreux sont soumis à une législation un peu différente de celle des Arabes.

Les Kabyles appartiennent à une fraction de la race berbère établie très anciennement en Afrique. Ils habitent les parties montagneuses de l'Algérie et principalement la contrée de Kabylie située au Nord du département d'Alger sur les limites de celui de Constantine. Les invasions barbares les ont forcés à s'enfuir les uns dans les montagnes du Djurjura, les autres dans le Sahara et dans le Maroc ; ils ont fini par se convertir à l'Islam, mais ils n'ont retenu du Koran que la partie dogmatique. Leurs lois ce sont les coutumes auxquelles la djemaa, sorte de municipalité qui réunissait dans ses mains tous les pouvoirs, a donné force de loi. Le Koran est cependant appliqué dans les cas où la coutume est muette et reçoit comme chez les arabes l'interprétation malékite.

Les Mozabites sont aussi d'origine berbère. Le pays qu'ils

____

(1) Recensement de 1891.

habitent, le Mzaàb est situé à environ 300 kilomètres au sud de Laghouat ; il n'a été annexé à la France que le 30 novembre 1883. Tout en pratiquant la religion musulmane, ils sont traités d'hérétiques par leurs coreligionnaires, parce qu'ils suivent un rite qui n'est pas considéré comme orthodoxe, le rite ibadite, un des deux rites de la secte kharidjite dont ils font partie.

Les indigènes israélites, naturalisés français depuis 1870, sont répandus dans toute l'Algérie, principalement dans les centres commerçants. Ils appartiennent à la race juive et suivent la loi mosaïque. L'étude de la condition de ces personnes n'offre plus, à part quelques exceptions, qu'un intérêt historique.

Les étrangers, c'est-à-dire tous ceux qui ne sont ni Français ni indigènes, par conséquent les musulmans tunisiens, marocains ou autres aussi bien que les Européens occupent également une place importante en Algérie. Ces derniers, mieux habitués en général que les Français aux duretés des climats chauds ont été les véritables pionniers de la colonisation. Le danger de les voir acquérir un avantage numérique sur la population française et partant une influence trop grande sur les destinées du pays disparaît en partie avec les nouvelles lois de 1889 et 1893 sur la nationalité.

Division. — Nous diviserons notre sujet en deux grandes parties : les indigènes et les étrangers. La population indigène étant composée de diverses fractions de musulmans, nous parlerons d'abord des Arabes, la partie la plus nombreuse, puis des Kabyles et enfin des Mozabites. Nous consacrerons aussi un chapitre aux indigènes israélites, dont la condition est intéressante à étudier pour la période qui précède 1870, époque à laquelle ils ont été naturalisés en bloc.

La condition des Arabes sera envisagée à deux points de vue : au point de vue de leurs droits publics et au point de vue de leurs droits privés.

Cette division ne sera plus reproduite pour l'étude de la condition des Kabyles et des Mozabites, dont nous signalerons seulement les différences avec les Arabes. Tout ce que nous dirons

3

par conséquent de ces derniers s'appliquera aussi aux Kabyles et aux Mozabites, tant au point de vue des droits publics qu'au point de vue des droits privés.

Les étrangers comprennent les étrangers européens et les étrangers musulmans dont il sera parlé séparément.

Avant d'entrer dans le corps de notre sujet, il importe de déterminer la condition générale de l'indigène. Qu'est devenue sa nationalité à la suite de la conquête et depuis cette époque ?

Il est de principe en droit international que la simple occupation d'un pays ne change pas la nationalité des habitants. Seule l'annexion, l'occupation définitive produit ce résultat. Or de 1830 à 1834 le pays a été simplement occupé. Mais à partir de 1834 l'organisation administrative donnée à la colonie montre l'intention que nous avons eue de nous y maintenir. L'annexion peut donc être considérée comme réalisée depuis cette époque. Si un doute était possible sur ce point, il serait levé par les dispositions de l'art. 109 de la constitution de 1848 qui déclare formellement territoire français le territoire de l'Algérie. Les indigènes sont donc devenus Français : cela est incontestable.

Mais la conquête a-t-elle changé leur législation comme elle a changé leur nationalité ? La question n'a été législativement résolue que par le Sénatus-consulte du 14 juillet 1865 qui règle d'une façon bien précise la situation de l'indigène. Mais avant il était difficile de se faire une opinion. Un peuple conquis garde toujours sa législation en attendant que le vainqueur lui impose la sienne. La capitulation d'Alger, signée le 5 juillet 1830 (1), contient entre autres dispositions l'engagement du général en chef d'assurer aux indigènes le maintien de leur législation : l'exercice de la religion mahométane restera libre ; la liberté de toutes classes d'habitants, leur religion, leurs propriétés, leur commerce et leur industrie ne recevront aucune atteinte ; les femmes seront respectées ; le général en chef en prend l'engagement sur l'honneur.

____

(1) Mén., 1, 5.

la portée de cette convention a été, à notre avis, singulièrement exagérée; la jurisprudence l'a assimilée à un véritable acte législatif pour soutenir que la législation française n'a pu se substituer au Koran (1). Qu'on se rappelle cependant les circonstances dans lesquelles le général de Bourmont l'a rédigée. Il n'avait reçu d'autre mission en

____

(1) Cour d'Alger, arrêt du 26 décembre 1851 (Estoublon, année 1851, p. 66). Il s'agissait dans l'espèce de la succession d'un israélite indigène qui s'était converti à l'Islamisme antérieurement à la conquête. La succession fut convoitée par un indigène musulman et par des indigènes israélites. Ceux-ci exclus de la succession par la loi musulmane prétendaient invoquer le droit français introduit par la conquête pour justifier leur qualité d'héritiers. La Cour repoussa leurs prétentions. « Attendu, dit l'arrêt, que tout en substituant sa souveraineté à celle des deys, la France a maintenu le régime intérieur de l'Algérie et garanti leurs lois et leurs biens aux indigènes. »

Dans l'espèce jugée par la Cour d'Alger le 27 mai 1852 (Estoublon, 1862, p. 31), il s'agissait de savoir si l'article 3 du Code civil pouvait être utilement invoqué en Algérie contre les israélites indigènes venant demander qu'il soit procédé au partage d'une succession selon les règles établies par la loi mosaïque. La Cour a décidé que la Capitulation du 5 juillet 1830 a maintenu les diverses fractions de la population indigène de l'Algérie en possession de leurs droits et coutumes ; qu'en conséquence les successions des israélites algériens sont régies par la loi mosaïque.

Les conventions proposées par le général en chef de l'armée française et acceptées par le souverain de la régence, ont été depuis ratifiées par l'exécution que le gouvernement leur a constamment donnée ; la commune intention des hautes parties contractantes ne saurait être douteuse ; elles ont entendu évidemment que les diverses fractions de la population indigène resteraient en possession de leurs lois et coutumes ; on ne saurait admettre une exception en faveur de l'article 3, parce qu'elle ne se présume pas.

L'arrêt de cassation du 29 mai 1865 (Estoublon, 1865, p. 27) décide que la capitulation du 5 juillet 1830 n'a pas seulement les caractères d'un acte politique, mais encore ceux d'une loi et comme telle elle peut être interprétée par les tribunaux dans les jugements des contestations privées sur lesquels ils sont appelés à prononcer.

Sur la question de savoir si la polygamie est permise aux israélites indigènes, la Cour d'Alger répond dans son arrêt du 22 mai 1865 (Estoublon, 1865, p. 23), que la polygamie est autorisée ou du moins tolérée par la loi mosaïque, qu'elle existait déjà dans la population israélite de la régence d'Alger sous la domination turque. L'avènement dans ce pays de la domination française n'a en rien modifié cet état de choses qui au contraire a été consacré par les articles 37 et 49 de l'ordonnance du 26 septembre 1842, aux termes desquels les indigènes restent soumis à leurs lois pour leurs contrats et leur état civil.

quittant la France que d'infliger un châtiment sévère au dey;
il devait rentrer au plus vite. Tout avait été prévu pour l'éven-
tualité d'un revers; personne ne songeait à une occupation quelconque du pays. Ses engagements ne peuvent donc pas avoir
une grande portée juridique. Du reste, la situation ne les com-
mandait pas. De son côté le Dey avait-il qualité pour traiter au
nom des habitants de toutes classes non seulement d'Alger,
mais du pays tout entier, puisqu'on soutient qu'ils y sont compris ? Pouvait-il représenter par exemple les tribus avec lesquelles il était continuellement en guerre et qui ne reconnais-
saient pas son autorité ? Il est certain que les pouvoirs des deys
ne s'étendaient pas au delà du point où s'arrêtaient ses troupes.
Toutes ces raisons nous portent à croire que la capitulation
d'Alger ne peut pas être invoquée comme un document législatif
pour ou contre les indigènes. Les différentes administrations qui
se sont succédées dans le pays ne s'en sont pas beaucoup sou-
ciées; témoin les arrêtés de confiscation des terres indigènes
rendus par le maréchal Clauzel en septembre 1830, c'est-à-dire
deux mois après. Et depuis, les nombreuses lois sur la propriété
indigène l'ont tellement bouleversée qu'il n'en reste presque
plus rien. Au surplus, cette discussion n'offre plus qu'un intérêt
historique, car les premiers décrets qui ont paru sur la justice
musulmane ont posé le principe que l'indigène continue à être
régi par sa législation à lui. Il est donc français, mais on lui
permet de rester soumis au Koran et d'être jugé par ses juges,
sauf exceptions.

Mais quelle est l'étendue des droits que confère cette nationalité d'un nouveau genre ?

Que signifie cette qualité de Français accordée à des individus régis par une loi étrangère ? L'indigène a-t-il tous les
droits du Français d'origine ou du naturalisé, jouit-il notamment
des droits politiques ? La Cour de cassation appelée à se prononcer sur cette question a admis que la qualité de Français
conférée par la conquête était indivisible dans ses conséquences

et que le maintien de son statut n'empêchait pas l'indigène
d'exercer ses droits de citoyen. Soit, mais comment concilier
l'exercice de ces droits politiques avec la soummission au Koran
qui commande à la fois dans le domaine religieux et dans le
domaine civil ? Si cette faculté semble découler logiquement de
la qualité de Français conférée à l'indigène par l'annexion, il
paraît tout aussi naturel d'admettre que le maintien de sa législation exclut toute participation à notre vie publique et produit
aussi, comme dit la Cour de cassation, des conséquences indivisibles. Il n'y a pas plus d'indivisibilité d'un côté que de l'autre
et on peut très bien séparer la qualité de Français de celle de
citoyen. L'indigène est Français sans avoir l'exercice des droits
de citoyen. Il se trouve par conséquent dans une situation intermédiaire entre le Français et l'étranger ; il est dans une condition inférieure vis-à-vis du premier, parce qu'il n'est pas citoyen ;
mais il a sur le second l'avantage de jouir de la qualité de Français. C'est ce que décide le Sénatus-consulte de 1865, art. 1er :
L'indigène musulman est français, néanmoins il continue à être
régi par la loi musulmane (1).

On a pris l'habitude de désigner par le mot sujet, l'indigène
ainsi francisé. Ce mot ne nous semble pas heureux ; il n'indique
pas une situation nouvelle. En France un sujet est un citoyen
et réciproquement.

Le droit romain offre une catégorie de personnes dont la

---

(1) Cette nouvelle qualité de français, la communique-t-il en cas de mariage à une femme étrangère ? Celle-ci suivra-t-elle, comme le veut l'article 12 du Code civil, la condition de son mari ? La Cour d'Alger a décidé,
dans son arrêt du 11 mars 1883 (Bulletin jud., 1883, 113), qu'elle gardait sa
nationalité, son contrat n'ayant été précédé d'aucun changement de religion, et son mariage ayant été contracté non suivant les règles du droit
musulman, mais suivant les principes et les formes du droit français.

Ce dernier motif nous porterait plutôt à croire qu'elle est devenue française : ne s'est-elle pas mariée sur le territoire français avec un sujet français qui est musulman c'est vrai, mais par sa religion seulement ? Nous
croyons donc qu'elle doit être traitée comme une femme française.

condition peut être comparée à celle de l'indigène ; ce sont les *latini colonarii* ou mieux les *latini veteres*. Eux aussi n'avaient pas le droit de cité, mais étaient cependant mieux traités que les peregrini ; on leur refusait les droits politiques à Rome mais ils les avaient dans leurs municipes ; les droits politiques des indigènes, comme nous le verrons, ne sont pas non plus très étendus.

PREMIÈRE PARTIE

Les indigènes musulmans

TITRE PREMIER. — Les arabes (1)

CHAPITRE PREMIER

CONDITION DES ARABES AU POINT DE VUE DES DROITS PUBLICS

Les droits publics ayant leur source dans le droit naturel, tous les habitants quels qu'ils soient d'un territoire peuvent les invoquer. Les indigènes ont donc l'exercice de ces droits, qu'ils soient Arabes, Kabyles ou Mozabites. Ainsi ils jouissent de la liberté individuelle, c'est-à-dire qu'ils ne peuvent être ni arrêtés, ni détenus que dans les cas prévus par la loi française ; mais en leur qualité de Français, ils ne sont ni expulsés, ni extradés, et cela non seulement quand ils résident en Algérie,

---

(1) Ce titre qui comprend l'exposé de la législation commune à *tous les musulmans* devrait être désigné autrement, car il semble exclure les autres fractions de la population musulmane. Nous maintenons cette désignation pour la clarté de notre division d'abord et aussi parce que les Arabes tiennent la place la plus considérable dans les préoccupations du législateur.

mais même quand ils sont en France, l'Algérie étant une partie du territoire français. Ils ont la liberté de conscience ; la liberté d'aller et de venir, mais avec l'obligation du passeport ou du permis de voyage et du visa, imposée par le Code de l'indigénat à ceux qui habitent le territoire civil (§§ 13 et 14 de ce code, loi du 28 juin 1890). Ils peuvent faire le commerce et se livrer à l'industrie ; ils peuvent enseigner, sauf les restrictions contenues dans ce même code (§§ 18 et 20) ; ils peuvent enfin se réunir et s'associer, mais après avoir demandé l'autorisation. Par contre ils sont tenus d'obéir aux prescriptions légales qui intéressent l'ordre public et la sûreté de l'Etat (art. 3 du code civil).

Pour étudier leur système pénal, il faut distinguer entre les indigènes du territoire civil et ceux du territoire militaire (1).

SECTION Ire

Système pénal des indigènes du territoire civil

Quelques semaines après la prise d'Alger, un arrêté du gouverneur général en date du 9 septembre 1830 (2), institua un tribunal mixte composé d'un président, de deux juges et d'un procureur du roi ainsi que de juges musulmans et israélites. Ces derniers n'étaient appelés à siéger que dans les affaires où leurs coreligionnaires étaient en cause. La compétence de ce tribunal s'étendait au civil et au criminel. Il n'a pas été installé et n'a jamais siégé.

---

(1) Chaque département de l'Algérie comprend un territoire civil et un territoire de commandement ou territoire militaire, qu'on appelle plus particulièrement province. Le territoire civil représente à peu près la moitié de la superficie totale de l'Algérie. Il est la partie la plus peuplée et la mieux cultivée et s'accroit tous les jours au détriment du territoire militaire par suite de l'extention du régime civil.

(2) Mén., I, 333.

L'arrêté du maréchal Clauzel du 22 octobre 1830 (1), créa une cour de justice et un tribunal de police correctionnelle. La compétence des affaires criminelles entre Maures, (c'est ainsi qu'on appelait alors les indigènes musulmans), est laissée aux cadis. Ils jugent souverainement et sans appel d'après les règles et suivant les formes usitées dans le pays, art. 1er. La justice criminelle est donc entièrement entre les mains des autorités musulmanes qui l'exercent dans les mêmes conditions qu'avant l'occupation. Les causes entre musulmans et israélites sont seules portées en appel devant la cour de justice française après avoir été jugées par le cadi maure, art. 3. Quant aux crimes et délits commis par les habitants du pays dans l'étendue du royaume d'Alger sur les personnes ou les propriétés des Français ou des auxiliaires à la solde de la France, ils sont déférés devant les conseils de guerre en vertu de l'arrêté du 15 octobre 1830 (2).

Une restriction importante est apportée à cette disposition dans l'arrêté du 16 août 1832 (3) instituant une cour criminelle. Désormais ne sont plus portés devant les conseils de guerre que les crimes emportant peine afflictive ou infamante commis par les naturels du pays contre les personnes ou les propriétés des Français ou des étrangers. Les délits et les contraventions commis contre ces mêmes personnes seront jugés par le tribunal de paix ou de police correctionnelle, à quelque nation que les prévenus appartiennent, art. 5.

Les affaires criminelles ou correctionnelles entre musulmans continueront d'être du ressort du cadi maure, art. 6 ; celles entre israélites et musulmans seront jugées par la cour criminelle ou le tribunal de police correctionnelle, suivant qu'il s'agit de crimes ou de délits, art. 7.

---

(1) Mén., I, 383.
(2) Mén., I, 400.
(3) Mén., I, 381.

Sous l'ordonnance du 10 août 1834 (1), qui est le premier
texte sur la justice émanant du pouvoir exécutif, il est institué
un tribunal supérieur à Alger qui juge au criminel les appels en
matière correctionnelle, toutes les affaires qui seront portées en
France devant les cours d'assises ainsi que les appels des jugements des tribunaux d'Oran et de Bône contre les prévenus de
contraventions, de délits et de crimes, quand la loi ne porte pas
une peine supérieure à celle de la réclusion, art. 12 et 9. Les
crimes et les délits commis entre musulmans restent dans la
compétence du cadi ; mais sa décision n'est plus souveraine ;
elle ne peut être mise à exécution qu'après avoir été revêtue du
visa du procureur général ou de son substitut à Bône et à Oran.
L'exécution est confiée à l'autorité française, art. 39. Ces
magistrats peuvent interjeter appel devant le tribunal supérieur
de la décision du cadi, et le tribunal peut la réformer si le fait
qui a provoqué la poursuite est prévu par la loi française,
art. 40.

Les tribunaux français civils et non plus les conseils de guerre
connaissent des crimes et des délits commis par des musulmans
indigènes au préjudice des Français, des israëlites ou des étrangers, art. 32.

L'ordonnance du 26 septembre 1842 (2) soumet l'Algérie à
une nouvelle organisation judiciaire. Elle marque une étape
importante dans la voie de la prépondérance de la loi française
sur la loi musulmane : la compétence criminelle est retirée aux
tribunaux musulmans. Désormais les tribunaux français connaissent de tous crimes, délits et contraventions à quelque
nation ou religion qu'appartienne l'inculpé, art. 38, et ils ne
pourront prononcer d'autres peines que celles qui sont établies

---

(1) Mén., 1, 385.
(2) Mén., 1, 391. Il n'y a pas lieu de mentionner plus spécialement l'ordonnance du 28 février 1841 (Mén., 1, 388) à raison de son caractère transitoire. Ses dispositions sont du reste en partie empruntées à l'ordonnance
de 1834, et en partie reproduites par celle de 1842.

par les lois pénales françaises, art. 39. La justice criminelle est
rendue par la Cour d'Alger, les tribunaux de première instance d'Alger, de Bône, d'Oran et de Philippeville et les juges
de simple police de certains cantons, art. 3. Constituée en
chambre criminelle avec 5 conseillers au moins, la Cour juge
toutes les affaires de la compétence des cours d'assises directement pour la province d'Alger et sur appel des jugements rendus
par les tribunaux d'Oran, de Bône et de Philippeville, art. 5.
Ces tribunaux composés d'un président et de deux juges, art. 9,
connaissent dans l'étendue de leur ressort en dehors des délits,
des crimes à charge d'appel, art. 10, c'est-à-dire des crimes
dont la peine est supérieure à celle de la réclusion (art. 9 de
l'ordonnance de 1834).

Les Cours d'assises furent créés en 1854 par le décret du
19 août (1) sur l'extension de la compétence des juges de paix,
titre 3. Elles jugent, mais sans l'assistance des jurés tous les
faits qualifiés crimes par la loi, art. 4. Elles se tiennent les
trimestres dans chacun des chefs-lieux d'arrondissement où est
établi un tribunal, art. 5. A Alger la Cour d'assises se compose
de cinq conseillers et dans les autres arrondissements de trois
conseillers et de deux membres du siège, art. 6. Les magistrats
apprécient donc la question de fait et appliquent la loi.

En 1870 seulement on introduit l'institution du jury par décret du 24 octobre, art. 1er (2). Le décret du 7 avril 1848 sur le
jury provisoirement remis en vigueur en France est appliquée à
l'Algérie, art. 2. Les assises se tiendront à Alger, à Oran, à
Constantine et à Bône et les sessions auront lieu tous les 3 mois,
art. 2. La liste annuelle du jury devra comprendre 400 noms

----

(1) Mén., 1, 397.

(2) Mén., 3, 187. « Considérant que l'assimilation du régime politique
et administratif de l'Algérie à celui de la métropole appelle l'assimilation
de leurs institutions judiciaires ; considérant que le jugement par jurés des
causes criminelles est l'un des principes de notre droit public et que le développement de la colonisation rend aujourd'hui son application nécessaire
à l'Algérie; art. 1er : à partir du 1er janvier 1871 les Cours d'assises d'Algérie statueront avec l'assistance des jurés, »

pour le département d'Alger, 300 pour chacun des départements d'Oran et de Constantine et 200 pour l'arrondissement de Bône. La liste spéciale comprendra, quelque soit leur nombre, tous les jurés résidant dans la ville où siège la Cour d'assises, art. 3. La liste de session est formée par 36 noms et par 10 jurés supplémentaires pris sur la liste spéciale, art. 4. Nul ne pourra être tenu de faire le service de jurés plus d'une fois sur deux session ordinaires ou extraordinaires, art. 5. Le titre 3 du décret du 9 août 1854 est abrogé et les dispositions du code d'instruction criminelle sur la formation des Cours d'assises sont applicables à l'Algérie, art. 6.

Cette organisation fut maintene jusqu'à la loi du 30 juillet 1881 (1) qui eut pour but d'alléger les charges trop lourdes qui pesaient sur les jurés. D'une part elle augmenta le nombre des jurés de la liste annuelle en la portant à 600 pour chacun des département d'Alger et d'Oran, à 800 pour le département de Constantine dont 500 pour la Cour d'assises de Constantine et 300 pour celle de Bône, art. 2, et d'autre part elle réduisit de 36 à 24 les jurés titulaires de la liste de session, art. 3. Le nombre des jurés de la liste spéciale n'est pas modifié, art. 2. La nouvelle loi limite aussi à une fois tous les deux ans le service obligatoire pour chaque juré, art. 4. L'art. 8 maintient toutes les dispositions de lois, décrets et ordonnances auxquelles il n'est pas dérogé par la présente loi.

Le décret du 24 octobre 1870 reste donc en vigueur dans les parties que la loi n'a pas modifiées ; le décret du 7 août 1848 sur la formation du jury continue par conséquent à être appliquée en Algérie, la loi du 21 novembre 1872 sur le jury n'ayant pas été promulgée dans ce pays (2).

----

(1) *Bulletin jud.*, 1881, 358.

(2) V. Cass. 24 février 1881 (*Bulletin jud.*, 1884, 129) ; Cass. 16 juin 1887 (*Revue alg.*, 1889, 599) ; Cass. 23 février 1888 (*Revue alg.*, 1888, 208).

Dans le sens contraire, c'est-à-dire pour l'application de la loi du 21 novembre 1872, Cass. 31 juillet 1881 (*Revue alg.*, 1889, 508).

V. aussi *Les juges de paix Algériens*, par M. Zeys, 1894, n° 369.

La liste annuelle est arrêtée par une commission composée du conseiller général, président, du juge de paix, de deux membres du conseil municipal de chaque commune désignés par le conseil. Il n'y a pas de commission au deuxième degré ; on peut trouver que l'élément judiciaire n'est pas suffisamment représenté.

Le système répressif des indigènes du territoire civil se complète par la loi du 25 juin 1890 contenant le code de l'indigénat. Ce code renferme un certain nombre d'infractions spéciales qui ne sont ni prévues ni punies en principe par nos lois pénales, dont la répression est confiée aux administrateurs des communes mixtes et aux juges de paix dans l'étendue respective de leur commune ou de leur canton et est assurée par les peines de simple police.

L'origine de cette institution remonte aux premiers temps qui ont suivi la conquête. Il était nécessaire dans l'intérêt de la sécurité de confier aux chefs indigènes la répression de certains faits que nos lois pénales ne pouvaient atteindre. Des abus furent commis ; une réglementation intervint sous le gouvernement du maréchal Bugeaud qui fixa aux autorités civiles indigènes et aux autorités militaires une limite à leur droit de punir. L'extension toujours plus grande du régime civil menaça de compromettre l'application de ces mesures. Aussi dès 1871 le vice-amiral de Gueydon songea-t-il à donner les mêmes pouvoirs aux fonctionnaires civils du Tell. Ce système fut essayé à l'occasion du décret sur la justice en Kabylie du 29 août 1874 (1) dont l'article 17 dispose : Les indigènes non naturalisés pourront être poursuivis et condamnés aux peines de simple police fixées par les articles 464, 465 et 466 du Code Pénal pour infractions spéciales à l'indigénat non prévues par la loi française, mais déterminées dans les arrêtés préfectoraux rendus sur les propositions des commissaires civils, des chefs de circonscription cantonale ou des maires. La peine de l'amende et celle de la prison pourront être cumulées et s'élever au double en cas de

_____

(1) Hugues et Lapra, p. 226.

récidive prévue par l'article 483 du code pénal. Les juges de
simple police statueront en cette matière sans frais et sans
appel.

Cet article qui ne visait que la Kabylie fut étendu à tous les
territoires civils de l'Algérie par décret du 11 septembre 1874
(1). Les préfets des trois départements prirent des arrêtés pour
dresser la liste des infractions (Arrêtés du préfet d'Alger des 9
février 1875, 5 avril 1875, 31 juillet 1876, 23 juillet 1877,
du préfet de Constantine des 10 février 1875, 8 septembre 1876,
du préfet d'Oran des 30 mars 1875, 12 septembre 1876) (2).
Les juges de paix étaient alors seuls chargés de les appliquer. Le
but que l'on poursuivait était d'obtenir une justice expéditive,
dégagée autant que possible des formalités lentes de la procédure ;
or, le juge de paix était mal placé pour remplir ce rôle, ses justiciables indigènes étaient souvent fort loin du siège de son prétoire et
les exigences d'un service très chargé l'empêchaient lui-même
d'apporter dans ces nouvelles attributions toute la diligence désirable. On voulait aussi armer de pouvoirs spéciaux les nouveaux
administrateurs civils et leur assurer une autorité égale à celle
des chefs militaires.

La loi du 28 juin 1881 fut votée ; elle attribua aux admini-
nistrateurs des communes mixtes le droit de répression par
voie disciplinaire des infractions spéciales à l'indigénat ; mais à
raison des circonstances passagères qui l'avaient fait édicter elle eut une durée limitée à 7 ans, c'est-à-dire au temps
nécessaire pour « faciliter la prise de possession par l'autorité
civile des anciens territoires militaires » art. 1 et 3 (3). La
seule formalité imposée à l'administrateur consiste dans l'inser-
tion sur un registre côté et paraphé de la décision qu'il aura
prise avec indication sommaire des motifs. Un extrait en est

---

(1) Hugues et Lapra, 277.
(2) Hugues et Lapra, 277 et s.
(3) Exposé des motifs de la loi, *Revue alg.*, 1890, 3, 40.

transmis chaque semaine au Gouverneur-Général, art. 2. Cette loi constituait une grave dérogation au principe de la séparation des pouvoirs, mais à raison de son caractère transitoire on passa outre à cette objection.

En 1882 à la suite d'une circulaire du gouverneur général du 12 septembre les préfets rapportèrent leurs anciens arrêtés et adoptèrent une nomenclature unique. (Arrêté du préfet d'Alger du 16 septembre 1882 (1), du préfet d'Oran du 1er octobre 1882, du préfet de Constantine du 30 septembre 1882 (2). Désormais, les infractions au nombre de 41 sont les mêmes pour tous les indigènes du Tell.

La loi de 1881 a été prorogée pour une nouvelle période de 2 ans par la loi du 27 mai 1888. Cette fois c'est la loi elle-même dans une annexe qui fixe les infractions ; elles ne sont plus qu'au nombre de 21. Mais les anciens arrêtés préfectoraux restent toujours en vigueur et sont appliqués par les juges de paix dans les communes de plein exercice, la loi ne statuant que pour les administrateurs (3).

Enfin la loi du 25 juin 1890 après des débats assez vifs au Sénat a accordé une deuxième prorogation de 7 ans. Elle reproduit sauf de légères modifications la nomenclature des infractions de la loi de 1888 (4) et contient des garanties nou-

---

(1) Sautayra. *Législation de l'Algérie*, 1378-1883. p. 263.

(2) *Ibid.*, p. 270.

(3) Cette solution est contestable : on peut se demander si la loi de 1888 a laissé subsister la compétence des juges de paix en cette matière. compétence qu'ils tenaient des décrets de 1874. Il y a des raisons pour croire que les modifications q'elle a voulu introduire ne visent que les administrateurs : d'abord elle est transitoire. sa durée expire en 1897, tandis qu'aucune limite n'est assignée aux décrets de 1874 ; ensuite le jugement du juge de paix en matière d'indigénat peut difficilement être soumis au droit d'appel devant le préfet ou le sous-préfet ; enfin le rapporteur de la loi de 1890 au Sénat interrogé sur cette question a expliqué pour quelles raisons les indigènes des communes de plein exercice étaient traités autrement que ceux des communes mixtes. V. Robe. *Journal de jurispr. algér.*, année 1891, p. 135. Tilloy ; et *les Juges de paix algériens*, par Zeys, n° 178.

(4) Annexe contenant la nomenclature des infractions :

1° Propos tenus en public contre la France et son gouvernement ;

2° Refus ou inexécution du service de garde patrouille ou poste vigie

velles contre les erreurs possibles ou les rigueurs exagérées des administrateurs. La première consiste dans la remise à l'indigène puni d'un volant détaché du registre à souche et portant les indications nécessaires, art. 2 § 3, c'est-à-dire les motifs de la condamnation ; la seconde confère à l'indigène un droit d'appel. C'est l'innovation la plus importante de la loi ; il nous suffira d'en reproduire le texte :

Les décisions des administrateurs pourront être attaquées par la voie de l'appel devant le préfet pour l'arrondissement du chef-lieu et devant le souspréfet pour les autres arrondissements,

---

prescrit par l'autorité ; abandon d'un poste ou négligence dans les mêmes services ;

3° Refus de fournir contre remboursement immédiat au prix du tarif arrêté par le préfet, les agents auxiliaires, les moyens de transport, les vivres, l'eau potable et le combustible aux fonctionnaires ou agents dûment autorisés et accrédités officiellement auprès du chef de la tribu, du douar ou fraction dans les régions désignées tous les ans par un arrêté spécial du gouverneur général

Le tarif des divers objets soumis à réquisition sera par les soins du chef de la tribu ou du douar publié et porté à la connaissance des indigènes ;

4° Inexécution des ordres donnés à propos des opérations relatives à l'application des lois du 26 juillet 1873 et du 28 avril 1887 (établissement et conservation de la propriété en Algérie) et de la loi du 23 mars 1882, (constitution de l'état civil des indigènes musulmans) ;

5° Inobservation des décisions administratives portant attribution de terres collectives de culture après avis de la djemmaa consultée ;

6° Retard prolongé et non justifié dans le paiement des impôts, soultes de rachat de séquestre, amendes et généralement de toute somme due à l'Etat ou à la commune, ainsi que dans l'exécution des prestations faites en nature ;

7° Défaut d'obtempérer sans excuse valable aux convocations des receveurs lorsqu'ils se rendent dans les marchés ou dans les douars pour percevoir les contributions ;

8° Dissimulation de la matière imposable et connivence dans les soustractions ou tentatives de soustractions au recensement des animaux et objets imposables ;

9° Détention pendant plus de vingt-quatre heures d'animaux égarés sans avis donné à l'autorité ;

10° Asile donné sans en aviser immédiatement le chef du douar à des vagabonds, ainsi qu'à tout étranger à la commune mixte non porteur d'un permis régulier ;

11° Défaut par tout indigène de faire immatriculer dans un délai de quinze jours les armes à feu dont il deviendra propriétaire soit par héritage, soit par acquisition légalement autorisée ;

12° Habitation isolée sans autorisation de l'administrateur ou de son

lorsqu'elles prononceront un emprisonnement de plus de 24 heures et une amende de 5 francs, l'appel produira un effet suspensif; l'appelant sera toujours admis à présenter en personne sa défense devant les préfets ou sous-préfets, art. 3.

Le préfet ou le sous-préfet pourra, si l'appel est fondé, substituer l'amende à l'emprisonnement, réduire et même supprimer la peine. Sa décision notifiée à l'administrateur devra être transcrite sur le registre à souche en marge de la décision infirmée, art. 4.

Si l'appel n'est pas fondé, le préfet ou le sous-préfet

---

délégué, en dehors de la dechera ou du douar; campement sur les lieux prohibés ;

13° Départ d'une commune pour changement de domicile sans avoir au préalable averti l'administrateur et acquitté les impôts; départ de sa résidence sans être muni d'un passeport, permis de voyage, carte de sûreté ou livret d'ouvrier régulièrement visé. Le même permis de départ servira pendant un an sans être visé à chaque voyage. Il sera retiré au détenteur qui en aurait fait mauvais usage ;

14° Négligence de faire viser son permis de voyage dans les communes où l'on séjournera pendant au moins vingt-quatre heures sur l'itinéraire suivi, dans un département autre que celui de la résidence ;

15° Défaut par tout indigène conducteur de bêtes de somme, de trait ou de monture, ainsi que de gros bétail destiné à être conduits sur un marché en dehors de la commune, de se munir d'un certificat délivré sans frais par l'adjoint indigène de la section communale, qui devra en rendre immédiatement compte à l'administrateur, indiquant la marque ou le signalement des animaux dont il s'agit et le nom du propriétaire ;

16° Tapage, scandale, dispute et autres actes de désordre, notamment sur les marchés, n'offrant pas un caractère suffisant pour constituer un délit;

17° Refus ou négligence de faire les travaux, le service ou de prêter le secours dont ils auraient été requis dans les circonstances d'accidents, tumultes ou autres calamités, ainsi que dans les cas d'insurrection, brigandage, pillage, flagrant délit, clameur publique ou exécution judiciaires.

18° Réunion sans autorisation, pour zerda ou ziara (pèlerinage, repas public); réunion sans autorisation, de plus de vingt-cinq personnes du sexe masculin; coups de feu sans autorisation dans une fête, par exemple un mariage, une naissance, une circoncision.

19° Ouverture de tout établissement religieux ou d'enseignement sans autorisation ;

20° Exercice non autorisé de la profession de « derrer » ou instituteur primaire ;

21° Refus de comparaître, après avertissement écrit, devant l'officier de police judiciaire.

pourra, en confirmant la décision, infliger à l'appelant une amende de 1 à 5 francs. La notification prévue au deuxième paragraphe de l'article précédent sera également obligatoire, art. 5.

Les infractions visées dans l'annexe de la présente loi pourront être atténuées dans leur définition ou même supprimées par un arrêté du gouverneur général, art. 6.

Il sera rendu compte chaque année aux chambres par le gouvernement de l'application de la présente loi, art. 8.

SECTION II

Système pénal des indigènes du territoire militaire

Indigènes du territoire militaire. — Depuis l'époque où l'on a distingué le territoire civil du territoire militaire les indigènes musulmans habitant le territoire militaire sont restés en dehors des règles du droit commun en matière criminelle et ont été soumis à la juridiction exceptionnelle des conseils de guerre. Nous avons vu que l'arrêté du 15 octobre 1830 avait déjà donné compétence à ces conseils pour les crimes et les délits commis par les habitants du pays dans l'étendue du royaume d'Alger sur les personnes ou les propriétés des Français ou des auxiliaires à la solde de la France. La division en territoire civil et militaire n'apparaît que dans l'ordonnance de 1834, quand elle décide que les crimes et les délits commis par les indigènes en dehors du ressort des tribunaux d'Alger, de Bône et d'Oran institués par cette ordonnance sont réservés aux conseils de guerre, art. 37. Cependant cette compétence n'existe pour les crimes commis entre indigènes que quand le fait à punir intéresse la souveraineté française ou la sûreté de l'armée.

Le principe de l'ordonnance de 1834 est contenu dans les ordonnances des 28 février 1841 et 26 septembre 1842, art. 4. Mais la création du tribunal de Philippeville enlève aux conseils de guerre la connaissance des crimes et des délits commis dans son ressort, art. 42.

La disposition de l'ordonnance du 17 juillet 1843 (1) donnant compétence aux conseils de guerre pour les crimes et délits qui intéressent la souveraineté française ou la sûreté de l'armée s'applique aux indigènes des deux territoires, art. 2 § 2. S'il s'était agi seulement des habitants du territoire militaire, l'article 37 de l'ordonnance de 1834 eût suffi. (Cass. 18 février 1848) (2), (Cass. 2 août 1849) (3).

L'ordonnance du 15 avril 1845 4) est le premier texte qui pose d'une façon précise la division en territoire civil et militaire. Il est question aussi d'un territoire mixte. Territoire mixte et territoire militaire sont administrés militairement, art. 15 et 16.

Ce principe est appliqué dans une série de dispositions où la compétence des conseils de guerre en matière criminelle est expressément consacrée, comme l'ordonnance du 14 mai 1850 (5) d'après laquelle la compétence des juges de paix en matière de droit forestier est conférée aux commandants de place avec faculté de recours devant le commandant de la subdivision, art. 2 ; comme les décrets du 10 avril 1851, art. 2 (6), et du 29 avril 1854, art. 1 (7), d'après lesquels les conseils de guerre connaîtront des crimes et délits commis par les indigènes dans le ressort des justices de paix instituées en territoire militaire.

La compétence des conseils de guerre résulte encore de l'arrêté du 9 décembre 1848 (8), du décret du 27 octobre 1858 (9) et du décret du 7 juillet 1864 (10) qui établissent à nouveau la division en territoire civil et militaire et confient l'administration de ce dernier aux autorités militaires (art. 1 et 2 de l'arrêté

---

(1) Mén., 1. 516. — (2) Estoublon, 1848, 7. — (3) Estoublon, 1849, 15. —
(4) én , 1, 13 — (5) Mén., 1. 116. — (6) Mén., 1, 110. (7) Mén., 1, 410. —
(8) Mén., 1, 26. — (9) Mén., 1, 37. — (10) Mén., 2, 9.

de 1848, 5 et 6 du décret de 1858 ; 9, 10 et 23 du décret de 1864). En conséquence la police judiciaire est exercée par les chefs des bureaux arabes et leurs adjoints titulaires (art. 1er du décret du 15 mars 1860 (1).

Même en matière de simple police la compétence des conseils de guerre existe pour les contraventions commises par les indigènes non naturalisés, art. 1 du décret du 17 mars 1866 (2).

Enfin le décret sur la justice en Kabylie du 29 août 1874 réserve aussi aux conseils de guerre la connaissance des crimes et délits commis par des musulmans non naturalisés en dehors du territoire civil art. 16, § 3. Il était nécessaire d'en parler, car on aurait pu croire les tribunaux français de droit commun compétents en cette matière dans les territoires militaires situés en Kabylie.

Ces règles de compétence n'ont pas varié (art. 2, § 2 du décret du 10 août 1875 (3). Encore aujourd'hui les crimes et les délits commis par les indigènes non naturalisés dans l'étendue du territoire militaire sont jugés par les conseils de guerre. Les contraventions sont du ressort des commandants de place (art. 2 de l'arrêté du 5 août 1843) (4) (1 du décret du 22 mars 1852 (5) et 3 du décret du 15 mars-4 avril 1860 (6). Ces militaires jugent aussi les délits et contraventions en matière forestière, quand l'amende réclamée ne s'élève pas au delà de 150 francs (7), (art. 2 du décret du 14 mai 1850), (8) mais ils n'ont pas pour cela la compétence étendue des juges de paix des cantons ruraux (9).

Il existe encore dans le territoire militaire une institution qui à beaucoup de points de ressemblance avec le code de l'indigé-

---

(1) Mén., 1, 40). — (2) Mén., 2, 138. — (3) Hugues et Lapra, 295. — (4) Mén., 1, 406. — (5) Mén., 1, 418. — (6) Mén., 1, 400.

(7) V. Alger, 23 octobre 1874 (Estoublon, 1874, 59).

(8) Mén. 1, 416.

(9) Il a été jugé ainsi en matière civile. Trib. d'Alger, 27 octobre 1866, (Estoublon, 1906, 46) et Cour d'Alger, 22 mars 1870. (Estoublon, 1870, 5).

nat du territoire civil : nous voulons parler des commissions disciplinaires (1). C'est un tribunal mixte où l'élément militaire et l'élément civil sont représentés, et qui est appelé à juger certains crimes et délits commis par les indigènes non naturalisés du territoire militaire qu'il est impossible de déférer aux tribunaux ordinaires civils ou militaires (art. 13 de l'arrêté du 14 novembre 1874).

L'origine de cette institution se rattache aux pouvoirs disciplinaires que s'étaient arrogés ceux qui exerçaient un commandement. Les attributions données aux gouverneurs de l'Algérie par les arrêtés des 1er septembre 1834 (2) et 2 août 1836 (3) étaient très étendues ; sans être très bien définies elles les autorisaient à user à l'égard des indigènes de certaines mesures de rigueur nécessitées par la situation troublée de la colonie. On ne crut pas devoir régulariser ces mesures par des textes législatifs précis ; il fallait laisser à l'autorité militaire une certaine liberté et ne pas la gêner par des règlements qui n'auraient peut-être pas reçu l'approbation de tout le monde. A la longue il s'était créé une sorte de jurisprudence en vertu de laquelle les mêmes peines étaient toujours appliquées aux mêmes infractions. Ce n'est pas qu'on ne trouve certains arrêtés sur ces questions. Ainsi l'arrêté du 6 mars 1841 punit de peines déterminées les indigènes qui étaient trouvés hors des limites formées par les cantonnements ; ainsi encore une circulaire du maréchal Bugeaud du 12 février 1844 (4) réglementa la peine de l'amende qui était souvent appliquée d'une façon abusive. Les amendes, dit le préambule de la circulaire, ayant été imposées de temps immémorial, d'après la législation musulmane, nous en maintenons le principe et l'application pour la conservation de l'ordre

---

(1) Monographie de M. Rinn. *Les commissions disciplinaires*, Revue algér., 1885, p. 53.

(2) Mén., 1, 7.

(3) Mén., 1, 11.

(4) Mén., 1, 63.

et de la justice, et nous fixons les règles ci-après à observer fidèlement pour que chacun ne paie que ce qui lui est dû et ne reçoive que ce qui lui revient.

Les commandants territoriaux ne perdirent pas pour cela la faculté d'appliquer la prison et l'internement jusqu'au jour où la décision ministérielle du 25 février 1855 s'occupa aussi de ces deux peines. La lettre ministérielle porte : 1o Les généraux commandants pourront, par mesure politique, infliger aux indigènes la peine de l'emprisonnement lorsque la durée ne dépassera pas six mois ; 2o au-dessus de six mois et jusqu'à un an il appartiendra au Gouverneur général seul de prononcer ; 3o au-dessus d'un an, l'emprisonnement sera subi à Sainte-Marguerite et l'autorisation du ministre sera nécessaire.

Les conseils de guerre organisés par l'arrêté du 15 octobre 1830 n'avaient pas cessé de fonctionner depuis cette époque ; mais il leur était souvent impossible de prononcer une condamnation à cause de la mauvaise foi des témoins qui prenaient plaisir à égarer la justice et à détruire ainsi l'accusation la mieux établie. Aussi les généraux avaient-ils pris l'habitude de frapper des peines d'internement ou d'amende les accusés acquittés grâce à la complaisance des témoins. Les Arabes ne s'en plaignaient pas, mais de violentes protestations se faisaient entendre en France. On accusait les bureaux arabes « de traiter les indigènes avec un arbitraire et une rigueur préjudiciables à la tranquillité des tribus, à l'assimilation des vaincus, à la fusion des races et au développement de la colonisation. »

Le prince Napoléon, devenu ministre de l'Algérie et des colonies, se montra plus soucieux de donner satisfaction à l'opinion publique en France que de conserver le prestige de l'autorité militaire en Algérie. Il institua dans l'arrêté du 21 septembre 1853 (1) la juridiction nouvelle des commissions disci-

____

(1) Mén., I. 77.

plinaires destinées, disait-il, à régulariser la répression des
crimes et délits commis par les indigènes qui ne sont pas déférés
aux tribunaux ordinaires. Il y en eut une à Alger et une dans
chaque chef-lieu de division et de subdivision. La conséquence
de cette création fut l'amoindrissement des pouvoirs des chefs
militaires, amoindrissement accentué encore par la suppression
de la responsabilité des tribus et des amendes collectives (décision ministérielle du 24 septembre 1858). Les commissions disciplinaires ne donnèrent pas les résultats qu'on en attendait;
avec elles c'était l'introduction de la procédure avec ses len-
teurs et ses complications, c'était aussi l'occasion pour les
témoins de se faire indemniser de longs et coûteux déplace-
ments ; appliquées à un autre moment ou dans des circonstances
moins défavorables, elles auraient peut-être rendu plus de services ; elles furent mal accueillies et après une année d'expé-
rience on en demanda la suppression.

Le successeur du prince Napoléon, le comte de Chasseloup
Laubat, se rendit mieux compte de la situation ; il commença
par introduire une réforme indispensable à la bonne administration de la justice, qui subsiste du reste encore aujourd'hui,
en conférant aux officiers des bureaux arabes la qualité d'officiers
de police judiciaire (décret du 15 mars — 20 avril 1860) (1).

L'organisation des commissions disciplinaires fut remaniée
par l'arrêté du 5 avril 1860 (2). Les principales modifications ont
trait à la suppression des commissions de division et à la création des commissions de cercle, ainsi qu'au rétablissement de
certains pouvoirs discrétionnaires en faveur des commandants
de cercles et de leurs délégués (art. 17 et 18).

Le décret du 24 décembre 1870 (3), qui introduisit si inopiné-
ment en Algérie le régime civil, suspendit le fonctionnement

(1) Mén., 1, 401.
(2) Mén., 1, 77.
(3) Mén., 3, 9.

des commissions disciplinaires. On songea à les rétablir après l'insurrection de 1871, qui avait amené l'application de nouvelles mesures de rigueur ; mais le vice-amiral de Gueydon n'en était pas partisan et crut trouver mieux en élaborant un projet de Code Pénal spécial aux indigènes musulmans ou étrangers de l'Algérie, de l'un ou de l'autre territoire, code mieux approprié à leurs mœurs et à leurs coutumes et comblant certaines lacunes de notre système pénal. Sa pensée était celle-ci : « Il faut absolument, écrivait-il, un code de police indigène ne comprenant que les faits qui, délictueux en Algérie, ne le sont pas en France et ceux qui, eu égard aux lieux, acquièrent en Algérie un degré de gravité qu'ils n'ont pas en France », et dans un projet de rapport : « En Algérie, ce n'est pas le lieu qui doit régir l'acte d'hostilité envers la France ; c'est la qualité des délinquants. Les citoyens français, en quelque lieu qu'ils résident, relèvent des juridictions de droit commun ; les indigènes non naturalisés en quelque lieu qu'ils soient, doivent être soumis au régime que notre sévérité commande. Ils constituent une catégorie à part comme les militaires et les marins pour lesquels, à un autre point de vue, il y a des juridictions et des pénalités spéciales (1). »

Le vice-amiral de Gueydon était remplacé avant que ses idées eussent triomphé. Son successeur le général Chanzy fut plus heureux ; le code de l'indigénat sortira des articles 16 et 17 du décret sur l'organisation de la justice en Kabylie du 29 août 1874 ; ce n'est pas le code spécial tel que l'avait conçu le vice-amiral, il constitue plutôt une annexe aux lois pénales existantes destinée à fortifier l'autorité du pouvoir civil, mais avec plus de modération et de douceur.

Les commissions disciplinaires reçurent leur organisation défi-

______

(1) *Les Commissions disciplinaires*, par M. Rinn, *Revue alg.*, 1885, I, 359.

nitive dans l'arrêté du 14 novembre 1874 (1) encore en vigueur aujourd'hui. Elles jugent les actes d'hostilité, les crimes et les délits commis en territoire militaire par les indigènes non naturalisés citoyens français et qu'il est impossible de déférer aux tribunaux civils et militaires, art. 13.

Il y en a une dans chaque subdivision et dans chaque cercle, art. 1er. A Alger il est institué une commission disciplinaire supérieure. Aux termes des articles 15 et 16, les commissions de cercle peuvent prononcer les peines de deux mois de prison et deux cents francs d'amende; celles de subdivision, les peines d'un an de prison et deux mille francs d'amende. Les articles 25, 26 et 27 rendent aux commandants militaires leurs anciens pouvoirs discrétionnaires, en leur donnant le droit de punir les indigènes pour les fautes commises dans le service militaire ou administratif et les méfaits et délits dont l'importance ne dépasse pas une valeur de 50 francs dans les limites suivantes : le commandant de la division, 2 mois de prison et 300 francs d'amende ; le commandant de la subdivision, 1 mois de prison et 100 francs d'amende; le commandant de cercle, 15 jours de prison et 50 francs d'amende.

Les chefs indigènes ne pourront jamais condamner à la prison ; ils ne pourront prononcer d'amendes que jusqu'à concurrence de 20 francs pour les contraventions de police et les manquements de minime importance (V. art. 17 et 18 de l'arrêté du 5 avril 1860 et art. 7 et 8 de l'arrêté du 26 fevrier 1872) (2).

Comme appendice au système pénal des indigènes musulmans il nous reste à parler de deux mesures spéciales de répression sur lesquelles nous serons très brefs, parce qu'elles rentrent plutôt dans le droit administratif : le séquestre et la responsabilité collective (3).

---

(1) *Revue alg.*, 1, 381. — (2) Mén., 3, 21.

(3) Le séquestre ayant pour effet d'enlever leurs terres aux indigènes et d'en rendre l'Etat propriétaire, on peut le considérer aussi comme une source de revenus pour le domaine de l'Etat et de la colonisation. V. M. Rinn, *Régime pénal de l'indigénat en Algérie*, le séquestre et la responsabilité collective, *Revue alg.*, 1889 et 1890, I.

Séquestre. — Peu de temps après la conquête des arrêtés du général Clauzel et du général Berthezène déclarèrent réunies au domaine les propriétés de l'ancien gouvernement des beys, des deys et des Turcs déportés. Dans les années suivantes, quelques arrêtés de séquestre furent pris contre les localités de Cherchell, de Coléa et de Blida. Le maréchal Valée réglementa le premier la matière dans son arrêté du 1er décembre 1840 (1) qui fut remplacé plus tard par l'ordonnance du 31 octobre 1845 (2), encore en vigueur aujourd'hui. Le séquestre est établi, art. 10, contre les indigènes qui ont commis des actes d'hostilité soit contre les français, soit contre les tribus soumises à la France, ou prêté soit directement, soit indirectement assitance à l'ennemi ou enfin entretenu des diligences avec lui ; abandonné pour passer à l'ennemi les propriétés ou les territoires qu'ils occupaient. Il est prononcé par arrêté du Gouverneur général, art. 11 ; les individus frappés y sont désignés nominativement, art. 12. Leurs biens, meubles et immeubles sont régis par l'administration des domaines, art. 13, et réunis au domaine après un délai de 2 ans, art. 28.

Cette ordonnance ne prévoyait que le séquestre individuel. Or il fut impossible de l'appliquer aux tribus frappées après l'insurrection de 1871 et de dresser les listes nominatives exigées par l'article 12, étant donné le grand nombre de ces tribus. Aussi un arrêté du 15 juillet 1871 (3) créa-t-il a côté du séquestre individuel un séquestre collectif territorial dispensé des publications des états ; le premier fut réservé contre les chefs d'insurrection ; il était plus dur que le second parce qu'il ne permettait pas le rachat.

313 tribus ou fractions de tribus furent séquestrées et complétement ruinées. L'État se trouvait à la tête de vastes domaines ;

---

(1) Mén., 1,612.
(2) Mén., 1,614.
(3) Mén., 3,269.

pour la première fois le séquestre l'avait sérieusement enrichi.

La loi du 17 juillet 1874 (1) sur les incendies de forêts est venu ajouter un troisième cas d'application de séquestre à ceux énumérés dans l'article 10 de l'ordonnance de 1845, art. 6 § 3 : Lorsque les incendies par leur simultanéité ou leur nature dénoteront de la part des indigènes un concert préalable, ils pourront être assimilés à des faits insurrectionnels et en conséquence donner lieu à l'application du séquestre, conformément aux dispositions actuellement en vigueur de l'ordonnance royale du 31 octobre 1845.

L'arrêté du 15 juillet 1871, l'ordonnance du 31 octobre 1845 et la loi du 17 juillet 1874 tels sont les textes qui régissent encore cette matière aujourd'hui.

Responsabilité collective. — Parmi les mesures de répression mises à la disposition des généraux en chef et des gouverneurs se trouvaient les amendes collectives et la responsabilité de la tribu. Une circulaire du maréchal Bugeaud recommanda de maintenir la solidarité et la responsabilité des tribus en cas de crimes. Celle du 21 septembre 1858 qui accompagne l'arrêté du même jour sur les commissions disciplinaires dit à ce sujet : les commissions disciplinaires pourront également maintenir le principe de la responsabilité des tribus ; les dispositions de la circulaire du 2 janvier 1844 (2) continueront à ressortir leur plein et entier effet à cet égard. Seulement à l'expiration du délai accordé pour la découverte du coupable le caïd ou le cheïk sera cité devant la commission disciplinaire compétente et la tribu pourra être condamnée.

Nous avons vu que la responsabilité des tribus et les amendes collectives avaient été supprimées par une circulaire du prince Napoléon du 24 novembre 1858 (3). Cependant malgré cette

---

(1) Hugues et Lapra, 276.
(2) Mén., 1, 61.
(3) Mén., 1, 75.

suppression les tribus sont punies quand il s'agit de faits généraux, de crimes commis avec une sorte de complicité collective par un grand nombre de coupables et lorsque le châtiment individuel est tout à fait impossible (circulaire du 28 décembre 1858) (1). Au début les amendes étaient infligées par les commandants des divisions, (art. 18 de la circulaire du 12 février 1844), puis par le ministre de l'Algérie et enfin par le gouverneur à partir de 1858.

L'application de cette peine n'est pas bien fréquente. Elle a lieu dans le territoire civil aussi bien que dans le territoire militaire, dans les conditions indiquées par la circulaire non abrogée de M. Chasseloup-Laubat en date du 8 mai 1859 ; cela résulte d'un avis du conseil de Gouvernement du 1er juin 1883 qui a tranché la question.

La loi du 17 juillet 1874 l'a admise dans un cas spécial où les instructions précédentes n'eussent pas permis de l'appliquer, les incendies de forêts ; sans préjudice toutefois du droit qu'a le Gouverneur Général de prononcer cette peine dans les termes de la circulaire du 8 mai 1859 (2). (Art. 5, art. 6 § 1er.)

Aujourd'hui la responsabilité collective est appliquée : 1° en toutes circonstances intéressant la sécurité de l'Etat, la sécurité générale et la colonisation (Circulaire du 8 mai 1859) et en cas d'incendies de forêts (Loi du 17 juillet 1874).

La légalité de cette mesure est contestable ; elle est contraire au principe de la personnalité des peines et va très souvent par son injustice à l'encontre du but qu'elle doit atteindre. Néanmoins il serait utile à notre avis d'en maintenir le principe dans nos lois ; il y a des situations qui réclament parfois des mesures énergiques et contre lesquelles les moyens ordinaires ne suffisent pas toujours. Nous voulons parler des attentats trop fréquents contre les personnes ou la propriété C'est peut être aller un peu loin

____

(1: Mén., I, 76.
(2) Mén., I, 76.

que de vouloir appliquer la responsabilité collective contre les indigènes de la tribu dans laquelle un vol de bestiaux a été commis.
Les voleurs de bestiaux sont nombreux parmi les indigènes ; et
ils sont presque toujours sûrs de l'impunité parce qu'ils trouvent
partout des complices comme recéleurs. Même appliquée au cas
d'incendies de forêts, cette peine soulève de vives critiques.
Est-on toujours sûr que l'incendie soit dû à la malveillance ?
Les forêts prennent facilement feu en Algérie à la suite des
longues sécheresses. Ne conviendrait-il pas de rechercher, avant
de sévir, si l'application du Code forestier français ne doit pas
être tempérée par certaines faveurs justifiées par les besoins et
les habitudes des indigènes ? Nous savons que la réforme du
code forestier est à l'étude.

Tel est le système pénal appliqué aux indigènes dans les
deux territoires : tandis que dans le territoire civil on est arrivé
de progrès en progrès à avoir une législation identique à peu
d'exceptions près à celle de la métropole, dans le territoire militaire au contraire la juridiction des conseils de guerre est restée
telle qu'elle avait été organisée par les premières ordonnances
sur la justice. On est forcé de reconnaître en la comparant avec
celle des tribunaux de droit commun du territoire civil qu'elle
assure une répression plus prompte, plus énergique et en même
temps moins coûteuse. Ce sont peut-être ces qualités qui l'ont
maintenue intacte au milieu des nombreuses transformations
qu'ont subies les institutions judiciaires en Algérie depuis 1830.
S'il y avait une réforme à opérer ce serait par elle, semblerait-il,
qu'il faudrait commencer ; on est loin d'y songer ; après avoir
travaillé pendant des années pour donner aux indigènes du territoire civil les garanties de la législation et des juridictions
ordinaires de la métropole, on s'aperçoit qu'il serait préférable
de la soumettre à un régime d'exception. L'assimilation sous
ce rapport n'a donc pas porté ses fruits. D'une part en effet la
criminalité parmi les indigènes augmente d'une façon inquiétante
et d'autre part les charges des jurés appelés à les juger en cour

d'assises deviennent de jour en jour plus lourdes. C'est à ces deux maux dont l'existence ne saurait être mise en doute (1) qu'il s'agit de porter remède. Tout le monde reconnait la nécessité d'une réforme ; mais on est loin de s'entendre sur les moyens de la réaliser.

La question se pose uniquement sur la suppression du jury criminel en matière indigène, et son remplacement par une autre juridiction. Il n'est pas proposé de changement aux peines du Code pénal qui doivent rester les mêmes ; du reste un code pénal spécial aux indigènes, tel que l'avait conçu le vice-amiral de Gueydon, aurait peu de chance d'être adopté.

Les uns veulent supprimer le jury parce qu'il est un rouage compliqué et trop lent, les autres proposent au contraire de le maintenir, mais en y apportant certaines modifications de nature à rendre la mission des jurés plus facile. Nous pensons que les raisons invoquées en faveur de la suppression l'emportent sur celles que l'on fait valoir pour son maintien.

La justice en matière indigène doit être expéditive et peu coûteuse. Ces qualités on les a recherchées dans les affaires civiles ; pourquoi ne se rencontreraient-elles pas dans les affaires criminelles ? Un premier pas dans cette voie a déjà été fait, il est vrai, dans l'institution du code de l'indigénat. On a voulu frapper vite et frapper efficacement ; on est arrivé à d'excellents résultats. Avec combien plus de raison ne doit-on pas chercher

____

(1) Voir les tableaux de la criminalité dressés par M. Burdeau dans son rapport sur le budget de l'Algérie, Exercice 1892. (Revue 1892, 3, 51.)

V. la proposition de loi relative à l'organisation des cours d'assises et du jury criminel en Algérie présentée par MM. Saint-Germain, Bourlier, Doumergue, Etienne, Samary et Thomson, de la Chambre des députés.

(Annexe au procès-verbal de la séance du 12 février 1891.)

M. Hugues, conseiller à la cour d'Alger, dans une étude sur la justice musulmane et le jury criminel en Algérie (*Journal de Robe*, année 1889, p. 97), conteste ce fait que la charge de juré soit pour le colon un service pénible. Mais l'opinion de ce magistrat se trouve contredite par M. Burdeau Rapport cité. p. 76) et par M. Menesson, ancien magistrat (*Des réformes à introduire dans l'organisation actuelle du jury en France et en Algérie*, brochure, 1891).

un châtiment exemplaire quand il s'agit non plus d'infractions minimes mais de fautes graves? En dehors de ces considérations, l'intervention du jury dans les affaires criminelles arabes ne nous paraît pas si logique ; dans les affaires civiles c'est le cadi qui est leur juge, ou, si c'est le juge de paix, c'est au moins leur loi qui est appliquée ; il faudrait donc décider par analogie que dans les affaires criminelles ils fussent jugés par leurs pairs ; on l'a déjà proposé ; cette idée a été appliquée notamment dans le projet du parquet général d'Alger ; nous aurons l'occasion d'en parler. Dès maintenant nous la repoussons comme contraire aux principes de notre droit public d'après lesquels le droit de juger ne peut être délégué qu'à des citoyens. Il est à craindre aussi que des jurés musulmans n'aient pas l'indépendance voulue pour rendre une justice impartiale. Il faut donc les écarter.

L'intérêt du procès pris en lui-même n'est pas le plus souvent en rapport avec le soin que l'on met à le juger. Prenons par exemple une affaire de meurtre ou de coup mortel, les crimes les plus fréquents entre indigènes. Presque toujours la pénalité se trouve mitigée par l'excuse de la provocation et ramenée aux proportions d'une peine correctionnelle. De plus l'émotion qu'a causé un pareil crime dans le douar n'est pas bien grande ; les parents de la victime ont l'habitude de s'entendre avec le meurtrier et de le tenir quitte de leur vengeance moyennant le paiement d'une certaine somme d'argent qu'on appelle la *dia* (1) ; dès lors pour eux il n'y a plus de meurtrier, mais seulement un débiteur. La somme stipulée une fois payée, l'action publique est éteinte. Notre intervention n'a plus de raison d'être ; au nom de quelle société interviendrions-nous ? Ce n'est pas au nom de la société européenne, puisqu'aucun de ses membres n'a été lésé, ni au nom de la société indigène, puisqu'elle ne réclame plus de poursuite et qu'elle s'est contentée d'une réparation

---

(1) Discours de rentrée. *Les indigènes devant la loi pénale et les juridictions répressives*, par M. Eon, avocat général à la Cour d'Alger, p. 9 et 10.

pécuniaire. Et c'est dans ces conditions que six, huit ou dix mois après le meurtre, alors que tout souvenir en est effacé, le jury est appelé à prononcer une condamnation.

Il a souvent de la peine à se former une opinion au milieu des témoignages contradictoires des indigènes qui n'ont pas grand souci de la vérité. Comment en serait-il autrement, puisque le serment qu'ils prêtent, qui est celui de notre code d'instruction criminelle, n'a aucune valeur morale pour eux et ne les lie que par la sanction qui est attachée au faux témoignage ? Il faut ajouter aussi que l'instruction ne va pas sans de grands frais qui, dans la plupart des cas, retombent à la charge de l'État, par suite de l'insolvabilité de l'accusé.

Le adversaires de la suppression du jury nous reprochent de traiter plus défavorablement les indigènes que les étrangers en leur enlevant la garantie du jury, à une époque surtout où l'on parle d'étendre leurs droits. Ce reproche serait fondé si on leur ôtait le droit d'être jugé par leurs coreligionnaires, à supposer qu'ils eussent ce droit ; mais ce n'est pas rabaisser leur condition que de substituer pour le jugement de certaines affaires une juridiction française à une autre juridiction française. C'est comme si en matière civile par exemple on décidait que le juge de droit commun dans les affaires non soumises au cadi serait non plus le juge de paix, mais le tribunal civil. Pourraient-ils crier à l'injustice ? Il en serait différemment si on supprimait le cadi et le Koran dans les cas où la législation algérienne les a conservés. Au surplus cette infériorité de traitement, si infériorité il y avait, ne constituerait pas la seule exception au droit commun dans cette matière. Les indigènes du territoire militaire ne sont-ils pas soumis à la juridiction des conseils de guerre alors que les Européens sont traduits devant les tribunaux de droit commun depuis le décret du 15 mars — 4 avril 1860, art. 1er ? Que dirons-nous du Code de l'indigénat ? Il faut croire que quand il s'agit de la sécurité du pays le législateur n'hésite pas à soumettre les indigènes à un régime spécial sans trop se préoccuper de l'infériorité dans laquelle il les place vis-à-vis des autres parties de la population. Ils prennent heureusement leur revanche dans d'autres matières.

Est-il vrai aussi, comme on le prétend, que nous diminuons dans notre système le prestige que donne aux colons sur les indigènes leur qualité de jurés ? Nous ne le pensons ; si ce prestige pouvait désarmer les malfaiteurs, nous serions les premiers à en investir non seulement les colons mais encore tous les Européens.

La suppression du jury étant ainsi posée, par quelle juridiction le remplacera-t-on ? Ici encore des divergences se sont produites. Va-t-on revenir à l'organisation des Cours d'assises d'avant 1870, ou à celle des tribunaux criminels de l'ordonnance de 1842 ? ou bien fera-t-on l'essai d'un système nouveau ?

Le projet qui est devenu la proposition de loi présentée par MM. Saint Germain, Bourlier, Doumergue, Etienne, Samary et Thomson, députés, fait revivre l'institution des Cours d'assises sans jury de 1854 pour le jugement des affaires indigènes. Au jury seront réservées les affaires dans lesquelles des Européens sont en cause ; les crimes commis entre indigènes seront du ressort exclusif de la Cour d'assises jugeant avec l'élément magistral seul (1).

---

(1) Le projet s'exprime ainsi : Lorsqu'il s'agira de crimes commis par des indigènes et des musulmans étrangers contre des musulmans indigènes ou étrangers, ce sera toujours la Cour d'assises qui jugera, mais cette fois sans l'assistance du jury. La présence des jurés français n'est plus ici nécessaire. L'indigène sujet français ou étranger a des mœurs, des habitudes qui lui sont propres. Il n'a pas la moindre communauté d'origine de nationalité et de sentiments avec le français, *il est aujourd'hui ce qu'il était au début de la conquête de l'Algérie en 1830*. L'établissement du jury vis-à-vis de l'indigène ne peut pas être considéré comme une juridiction de pairs ; l'indigène n'est pas encore le pair du colon et il se passera de longues années encore avant qu'il le devienne, en admettant. ce qui est loin d'être démontré, qu'il puisse un jour arriver à une transformation aussi complète de son individu. L'attribution au jury de la connaissance des crimes commis entre indigènes, sujets français ou étrangers est à notre avis une fausse application de ce principe de la juridiction des pairs.

Ce projet se recommande par sa simplicité. Les charges des jurés s'en trouveront notablement allégées et satisfaction sera donnée aux indigènes pour qui l'institution du jury a toujours été une énigme, car ils n'ont jamais compris cette justice rendue à la fois par des représentants de l'autorité et par de simples citoyens. Ces citoyens qui cesseront de les juger n'en seront que plus respectés ; ainsi disparaîtra une cause de dissentiment entre deux hommes qui vivent côte à côte, qui se disent français tous les deux et dont l'un se croit l'égal de l'autre.

Malheureusement avec le projet qui conserve le nombre des Cours d'assises tel qu'il est fixé aujourd'hui, les procès criminels seront toujours aussi lents et aussi coûteux. C'est la seule critique qui puisse lui être faite. Les cabinets d'instruction seront surchargés comme avant ; les témoins seront encore entendus à trop grands frais.

Le projet qu'a élaboré le Parquet Général de la Cour d'Alger comble cette lacune en instituant au chef-lieu de chaque arrondissement judiciaire un tribunal criminel chargé de connaître des crimes commis par les indigènes, en réservant toutefois au jury ceux que la loi punit de la peine de mort (1).

____

Il y a eu jusqu'à ce jour erreur sur cette application, et restreindre la compétence du jury en lui enlevant le jugement dans ces sortes d'affaires criminelles n'est pas reculer vers le passé.

En faisant la distinction que nous avons indiquée, en faisant juger l'indigène par le français lorsque des intérêts français et européens sont en jeu et qu'ils ont été lésés par cet indigène, nous faisons au juré français la situation élevée qui convient. En enlevant à ce juré le jugement des autres crimes nous ne le diminuons pas. Nous lui conservons par cette différence marquée une prédomination morale sur l'indigène que ne lui donne pas la législation actuelle.

Le projet de l'art. 3 est ainsi conçu : les Cour d'assises en Algérie jugent sans l'assistance du jury tous les crimes commis par les indigènes algériens et les étrangers musulmans contre les particuliers indigènes musulmans et les étrangers musulmans, dans les limites et l'étendue du territoire civil existant et de toutes autres portions du territoire militaire qui pourront y être rattachées par la suite. (Annexe au procès-verbal de la séance du 12 février 1891).

(1) Discours de rentrée de M. Eon. P. 77 et s.

Sous l'ordonnance du 26 septembre 1842 les tribunaux d'Oran, de Bône et de Philippeville connaissaient concurremment avec la Cour royale d'Alger, des crimes de toute nature mais avec charge d'appel.

Le jugement rendu par le tribunal jugeant au criminel serait rendu par 3 juges assistés d'un jury composé de 2 assesseurs européens et de 2 assesseurs musulmans. On aurait ainsi une petite Cour d'assises avec un jury mixte à compétence criminelle restreinte. Cette innovation ne nous paraît pas heureuse. Nous nous sommes déclaré l'adversaire des jurés musulmans. Si cependant on jugeait opportun de donner ce droit aux indigènes, quoique les principes le condamnent formellement et qu'aucune nécessité ne le réclame, les conditions dans lesquelles il est appelé à s'exercer devraient le faire repousser *a priori*. Quel esprit d'indépendance peut-on attendre d'un jury dont les membres sont d'origine et de mœurs si différentes ? Pourquoi faire intervenir l'élément européen dans une cause essentiellement musulmane, où l'accusé au moins est toujours musulman ? Ces demi-mesures ne donnent jamais de bons résultats. On accorde apparemment satisfaction à tout le monde, et au fond personne n'est content. Ce serait peut-être un excellent moyen d'assimilation et à ce titre on pourrait en tenter l'essai ; à coup sûr la justice criminelle ne serait pas mieux rendue.

Nous donnerions la préférence au projet qui attribuerait à tous les tribunaux correctionnels, mais sans l'assistance de juré quelconque une nouvelle compétence pour les crimes commis entre indigènes seulement, même pour ceux qui emporteraient la peine de mort ; la compétence des cours d'assises telles qu'elles sont organisées serait réservée pour les crimes dans lesquels des Européens seraient en cause. Cette solution, la seule à notre avis, qui réaliserait tous les vœux, devrait se combiner avec une autre réforme également urgente ; il s'agirait, dans le but de décharger les tribunaux correctionnels des nombreux délits qu'ils ont à juger, d'étendre davantage la compétence correctionnelle des juges de paix des cantons ruraux. Cette extension, telle qu'elle résulte de l'art. 2, § 3, du décret du 19 août 1854 est presque illusoire (1). D'une part les délits contraventions sont d'une application pratique assez rare et d'autre part l'énumération des délits dont la peine ne dépasse pas 6 mois de prison ou 500 francs d'amende n'est pas longue. Les juges de paix seraient souvent mieux placés que les juges correctionnels pour juger certains délits comme les vols de bestiaux.

Nous terminerons ce chapitre par cette conclusion c'est que si en matière civile il est de l'intérêt du plaideur d'être aussi rapproché que possible du siège de la justice, il est de l'intérêt de la société et de la sécurité en Algérie de multiplier les tribunaux répressifs à tous les degrés pour assurer une action plus prompte et plus efficace sur les malfaiteurs. Espérons que ce principe dont il a été fait une timide application dans le code de l'indigénat, ne reçoive bientôt d'autres.

____

(1) Art. 2 § 3 (Mén. 1.416). En matière correctionnelle ils connaissent : 1° de toutes les contraventions de la compétence des tribunaux correctionnels qui sont commises ou constatées dans leur res ort ; 2° des infractions aux lois sur la chasse ; 3° de tous les délits n'emportant pas une peine supérieure à celle de 6 mois d'emprisonnement ou de 500 francs d'amende.

CHAPITRE II

Condition des Arabes au point de vue des droits privés

Nous rangeons parmi les droits privés les droits qui sont conférés aux indigénes par la législation algérienne et dont l'énumération se trouve contenue presque tout entière dans l'article 1er du sénatus consulte du 15 juillet 1865 ainsi conçu : L'indigène musulman est Français ; néanmois il continuera d'être régi par la loi musulmane. Il peut être admis dans les armées de terre et de mer. Il peut être appelé à des fonctions et emplois civils en Algérie. Il peut sur sa demande être admis à jouir des droits de citoyen français ; dans ce cas il est régi par les lois civiles et politiques de la France.

Nous traiterons de ces droits dans deux sections différentes.

SECTION PREMIÈRE

Droit pour les indigénes de se prévaloir de leur loi propre dans les matières réservées par la législation algérienne.

La capitulation de 1830 avait assuré aux indigènes le maintien formel de leur religion et par conséquent de leur législation ; l'exercice de la religion mahométane restera libre, dit cet acte (1). Nous avons vu plus haut quelle interprétation la

---

(1) Mén., 1, 5.

jurisprudence en a donnée. Depuis cette époque jusqu'à nos jours la loi musulmane a continué d'être appliquée aux musulmans. Mais son champ d'application très étendu au début a été successivement restreint à la suite des progrès de la loi territoriale qui est destinée dans la pensée du législateur à se substituer un jour complètement au Koran. Cette unité de législation serait depuis longtemps opérée si les matières du droit musulman n'étaient pas si intimement liées à l'idée de religion ; on ne peut les entamer qu'avec beaucoup de ménagements ; les questions de statut successoral, par exemple, garderont encore longtemps leur caractère musulman.

Jusqu'au décret de 1886 les différentes organisations judiciaires ont conservé intact le principe d'après lequel les conventions ou les contestations entre musulmans sont soumises au droit musulman et jugées par le cadi.

D'après les articles 25 et 27 de l'ordonnance du 10 août 1834 (1) les tribunaux musulmans sont maintenus et ils connaissent de toutes les affaires entre indigènes indistinctement.

Mêmes dispositions dans les articles 31 et 33 de l'ordonnance du 26 septembre 1842 (2) ; l'art. 37 § 3, d'ailleurs inutile en présence de la généralité de l'art. 33, dit que les contestations entre indigènes relatives à l'état civil seront jugées conformément à la loi religieuse de parties. La cour d'appel est chargée de connaître de l'appel des jugements rendus par les tribunaux musulmans, art. 5 § 2.

Le décret du 1er octobre 1854 (3) après avoir consacré à nouveau le principe du maintien de la loi musulmane, retire aux tribunaux français l'appel des jugements musulmans, art. 11 ; la justice musulmane est rendue par les cadis et les midjlès, et ne dépend plus de la justice française. C'était une grave dérogation

----

(1) Mén., 1, 355.
(2) Mén., 1, 301.
(3) Mér., 2, 133.

au principe de la souveraineté nationale en même temps qu'un moyen peu propre à hâter l'œuvre de l'assimilation. Aussi le décret du 31 décembre 1859 (1) revient-il à l'ancien système et décide-t-il dans son article 21 que les appels des jugements rendus par les cadis sont portés devant la Cour et les tribunaux de première instance. Le cadi reste le juge de droit commun entre indigènes comme auparavant, art. 17.

Le décret du 13 décembre 1866 (2) est conçu dans le même esprit.

Le dernier texte sur cette matière avant le décret de 1866 est l'art. 17 de la loi du 26 juillet 1873 sur la propriété indigène d'après lequel il n'est point dérogé au statut personnel des indigènes.

Avec le décret de 1886 (3), un grand changement s'opère ; l'exemple de la Kabylie où les juridictions indigènes avaient cessé de fonctionner depuis 1874, fit naître l'idée d'une réforme analogue à opérer en pays arabe. Seulement on ne voulut pas commencer par une suppression complète des cadis ; on diminua seulement leur importance en leur enlevant la connaissance d'un certain nombre d'affaires ; ils ne seront plus les juges de droit commun entre indigènes, mais les juges d'exception pour les affaires qui touchent au statut personnel et au statut successoral ; pour le jugement des autres affaires, ils sont remplacés par le juge de paix français qui appliquera la loi française ou la loi musulmane ; art. 1er du décret du 10 septembre 1886 : les musulmans résidant en Algérie, non admis à la jouissance des droits de citoyen français continuent à être régis par leurs droits et coutumes en ce qui concerne leur statut personnel, leurs successions, ceux de leurs immeubles dont la propriété n'est pas établie conformément à la loi du 26 juillet 1873 ou par un

---

(1) Mén., 1, 111.
(2) Mén., 3, 199.
(3) Revue alg., 1886, 3, 181.

titre français administratif, notarié ou judiciaire ; art. 2 : ils sont
régis par la loi française pour toutes les matières non réservées
par l'article précédent ainsi que pour la poursuite et la répression des crimes, délits et contraventions. En matière personnelle
et mobilière le juge tiendra compte dans l'interprétation
des conventions, dans l'appréciation des faits et dans l'administration de la preuve des coutumes et usages des parties.

Le décret du 17 avril 1889 (1), le dernier texte sur la justice musulmane, ne fait que reproduire avec de légères modifications le décret de 1886. Il a été complété par le décret du 25
mai 1892 (2), qui, entre autres réformes a rendu à certains
cadis la connaissance des contestations personnelles et mobilières entre indigènes dans les limites de la compétence des
juges de paix de la métropole ; art. 7, § 6 : dans les localités
qui seront déterminées par un décret rendu en conseil d'Etat,
le ministre de la justice, ou par délégation le Gouverneur général statuant sur la proposition du Procureur général, pourra
autoriser le cadi à se transporter sur les marchés qui auront lieu
dans ces localités pour y juger, à la demande de toutes les parties intéressées, et sans déplacement, entre indigènes musulmans, suivant les formes indiquées par le chapitre 2 du présent
décret, les contestations personnelles et mobilières dont la valeur
ne dépassera pas 200 francs en principal. Les sentences rendues par les cadis dans les conditions ci-dessus spécifiées, seront toujours rendues en dernier ressort.

Une exception importante aux règles que nous venons de
poser est faite pour les indigènes, quels qu'ils soient, qui habitent le territoire militaire. La justice musulmane est rendue
dans ce territoire en vertu d'un décret spécial, le décret du 8
janvier 1870 (3), expressément maintenu par le décret de 1889.

(1) *Revue alg.* 1889, 3, 57.
(2) *Revue alg.*, 1892. 3, 160.
(3) Mén., 3, 211.

C'est l'organisation de l'ordonnance de 1866, mais avec une réglementation plus compliquée des droits d'appel.

Le présent décret, disait l'art. 59 du décret du 31 décembre 1859, ne s'applique point à la Kabylie et à la région en dehors du Tell qui demeurent régis, l'une par ses coutumes actuelles, l'autre par la juridiction des cadis, telle qu'elle existait avant le décret du 1er octobre 1854.

Le cadi reste le juge ordinaire du premier degré entre musulmans. Il juge en dernier ressort les contestations dont la valeur ne dépasse pas 200 francs, et en premier ressort toutes les affaires d'une valeur supérieure ou indéterminée et les questions d'Etat, art. 5.

Pour aller en appel, il faut que le litige porte sur une question d'Etat ou sur un intérêt supérieur à 2.000 francs ; s'il s'agit d'une somme moindre, il faut qu'il y ait un dissentiment entre le jugement du cadi et l'avis du midjlès consultatif, art. 11.

Un mot sur cette institution :

Simples comités consultatifs suivant les coutumes islamiques jusqu'au décret du 1er octobre 1854, les midjlès furent érigés par ce dernier décret en tribunaux de second degré, dont les décisions ne pouvaient être déférées à aucune autre juridiction. C'était l'application du principe qui avait alors prévalu de la complète séparation de la justice française et de la justice musulmane. Sous l'empire de ce décret la justice musulmane était uniformément rendue dans toute l'Algérie, sans distinction de région ou de territoire.

Le décret du 31 décembre 1859 rétablissant le lien entre les deux justices par l'attribution à la Cour et aux tribunaux d'arrondissement de la connaissance en appel des jugements de cadis restitua au midjlès leur caractère primitif. La région saharienne exceptée de l'application du nouveau décret, était régie par la juridiction des cadis, telle qu'elle existait avant le décret de 1854.

Le décret du 13 décembre 1866 réorganisa sur ces mêmes

bases les midjlès consultatifs qui n'existaient plus guère que de nom. La région saharienne continuait à rester en dehors de cette organisation décrétée seulement pour le Tell.

Le décret du 8 janvier 1870 compléta l'œuvre commencée en 1859 en réglementant l'administration de la justice dans la région hors Tell. Par suite de l'éloignement des tribunaux français la matière de l'appel fut l'objet de dispositions exceptionnelles. Ici, contrairement à la loi du Tell, le recours au midjlès est obligatoire à défaut de déclaration contraire des parties.

S'agit-il d'une question d'état ou d'une valeur dépassant 2,000 fr. de capital ou 200 fr. de revenu le rôle du midjlès est purement consultatif; quel que soit son avis, l'appel devant la juridiction française conserve tout son effet. Au-dessous de ce chiffre, le jugement du cadi acquiert autorité souveraine, si le midjlès, qui devient tribunal de second degré, rend un avis conforme, l'appel conservant son effet dans le cas contraire.

Le décret du 10 septembre 1886 sur la justice musulmane est venu innover à son tour. Il ne dit pas un mot au chapitre de l'appel du recours au midjlès. De ce silence on peut induire aujourd'hui que dans la partie de l'Algérie où ce décret est exécutoire, c'est-à-dire dans le Tell, en dehors des arrondissements de Bougie et de Tizi-Ouzou, et dans les localités sahariennes soumises au régime civil, les midjlès n'ont plus d'existence légale, et que les jugements des cadis ne peuvent plus être préalablement déférés à l'examen de ces assemblées.

A l'inverse, dans les localités sahariennes le décret du 8 janvier 1870 continuera à recevoir son exécution. En cas d'appel le recours au midjlès sera de droit.

Les décrets de 1859 et de 1866 sur la justice musulmane dans le Tell avaient maintenu les anciennes traditions touchant le recours au midjlès. Aux termes de ces décrets, le recours au midjlès précédait la déclaration d'appel devant la juridiction française.

— 99 —

Le cadi qui avait statué faisait partie du midjlès et rendait ensuite une seconde sentence, conforme ou non à l'avis de cette assemblée. Alors intervenait la déclaration d'appel. Dans le Sahara au contraire depuis le décret de 1870, l'appel doit être interjeté tout d'abord. Le midjlès se réunit ensuite. Son avis n'est pas suivi d'une seconde décision du cadi ; mais les parties imbues des traditions de l'ancienne procédure musulmane ne font appel qu'après l'avis du midjlès et presque toujours les adels (1) qui reçoivent la déclaration d'appel, mentionnent dans l'acte que l'appel est relevé contre l'avis qu'ils s'obstinent de qualifier de décision.

Si une contestation s'élève entre parties domiciliées, les unes dans le Sahara, les autres dans le Tell, le cadi compétent sera celui du domicile du défendeur, mais l'appel de la sentence sera réglé suivant les formes de l'ordonnance de 1866, art. 22, 23 et 24, avec cette restriction qu'il sera porté exclusivement devant la Cour d'Alger ou devant les tribunaux de Constantine et d'Oran, même au-dessus de 2,000 fr. de capital ou 200 fr. de revenu.

Il existe encore certains territoires militaires situés dans la région tellienne. A quel décret ceux-là sont-ils soumis ? L'art. 72 du décret de 1889 déclare ce texte exécutoire dans tout le territoire de l'Algérie à l'exception des arrondissements de Tizi-Ouzou et de Bougie et des territoires de commandement. Il ne distingue pas entre le Tell et le Sahara. On devrait en conclure que ces territoires ne sont régis par aucun texte, car le décret de 1870 ne s'applique qu'à la justice musulmane hors Tell, et le précédent décret de 1886 a été abrogé complètement par celui de 1889. Or le décret de 1886 était applicable dans l'espèce, puisqu'il n'exceptait que les arrondissements de Tizi-Ouzou et de Bougie et les localités sahariennes militaires.

La Cour d'Alger (arrêt du 15 octobre 1890) (2) appelée à

____

(1) Greffier de la justice musulmane. — (2) Revue alg., 1890, 5 et la note.

se prononcer sur cette question est sortie de la difficulté en décidant que 'e décret de 1886 devait être appliqué.

Le législateur a fait cesser toute incertitude à cet égard en donnant lui-même une interprétation dans le décret du 6 mars 1891 (1) qui soumet aux dispositions du décret du 8 janvier 1870 toutes les mahakmas (2) telliennes ou sahariennes créées ou qui pourraient être créées en territoire de commandement.

Nos tribunaux jugeant en appel des jugements des cadis, ont eu beaucoup de décisions à rendre sur ces matières de statut personnel musulman. Respectueux de la législation musulmane chaque fois que des intérêts purement musulmans étaient en jeu, ils n'ont pas hésité à s'en écarter et à faire prévaloir la loi française quand les dispositions du Koran étaient contraires à notre morale ou à notre ordre social. Le mariage en droit musulman et dans les coutumes kabyles contient des particularités dont le juge français répugne à faire application. C'est le moment de dire un mot des effets de la consommation du mariage chez les Arabes et les Kabyles et du droit de contrainte matrimoniale.

EFFETS DE LA CONSOMMATION DU MARIAGE

a) *En droit musulman.* — Le mariage en droit musulman n'est pas comme chez nous un contrat solennel ; il est seulement consensuel et peut se prouver par de simples témoignages même oraux qui n'auront par conséquent d'autre valeur que celle des témoins appelés à déposer. Il peut donc arriver que l'un des époux se lie par deux engagements successifs dont le premier restera facilement caché au second contractant. Si aucun des deux mariages promis n'a été suivi de consommation ou si la consommation du premier a eu lieu avant la promesse du second, aucune difficulté sérieuse ne peut surgir ; il n'y aura pas

____

(1) *Revue alg.*, 1891, 3, 28.
(2) Justice musulmane.

lieu de prononcer l'annulation du mariage consommé ; des dommages-intérêts tout au plus peuvent être dus par celui qui n'a pas exécuté sa promesse.

Mais si la seconde promesse de mariage s'est réalisée par la consommation du mariage et que la première promesse subsiste, le juge devra-t-il maintenir le mariage et annuler le premier engagement ou bien faut-il décider que la première promesse seule est valable en dépit du mariage consommé ?

S'il se trouve quelques auteurs en droit musulman pour se prononcer dans ce dernier sens, un plus grand nombre font produire à la consommation du mariage des effets très étendus, celui notamment de le rendre inattaquable et de le couvrir de tout vice antérieur. Cette doctrine proclamée par la morale est d'ailleurs conforme au droit musulman. La Cour d'Alger l'a toujours appliquée (1).

Le tribunal de Tizi-Ouzou, en Kabylie, appliquant dans une espèce le droit musulman, les parties étant d'origine arabe, s'est prononcé en sens contraire par un jugement du *14 novembre 1890* (2).

---

(1) Cour d'Alger, 30 juillet, 1862. Estoublon 1862, p. 43. Cet arrêt décide que celui qui prétend qu'une fille lui a été promise en mariage par son père n'est pas fondé à demander pour ce motif la nullité du mariage contracté par sa fiancée avec un tiers, la promesse de mariage ne pouvant d'après le droit musulman, prévaloir contre un mariage consommé, alors surtout que le demandeur a assisté à ce mariage sans élever aucune réclamation.

Cour d'Alger, 17 novembre 1890. *Revue alg.*, 1891, 221. En cas de contestation entre deux indigènes qui se disent époux de la même femme, la preuve testimoniale ne peut prévaloir contre le fait de la cohabitation actuelle et non contestée.

(2) *Revue alg.*, 1892, p. 69. Attendu, dit-il, que d'après le droit musulman la promesse de mariage doit être considérée comme irrévocable et le mariage comme absolument valable quand ont été remplies les conditions de présence du ouali, du paiement de la dot, de la formule du consentement et de non empêchement de la part du futur ; attendu que les jurisconsultes ne sont pas entièrement d'accord sur le point de savoir si un mariage doit être absolument suivi de la consommation pour être considéré comme réel et si une seconde union consommée effectivement est valable en présence d'une première non consommée.

C'était l'occasion de mettre les jurisconsultes musulmans d'accord sur le terrain du droit français.

b) *En droit kabyle* (1). — L'espèce sur laquelle nous allons raisonner a vivement préoccupé l'opinion publique il n'y a pas longtemps et a donné lieu à de longues démonstrations dans la presse en faveur de la mariée et du droit français. Les époux dont on demandait de briser l'union, parce que la femme avait été promise à un autre avant le second mariage consommé étaient des Kabyles et appartenaient à notre enseignement primaire. Le juge de paix de Fort-National siégeant en audience foraine à Mekla a donné gain de cause au premier fiancé qui réclamait l'exécution de la promesse de mariage et par conséquent la livraison de celle qu'il prétendait lui appartenir, plus 200 francs de dommages-intérêts pour la diminution de valeur qu'elle avait subie.

Le tribunal de Tizi-Ouzou infirma en appel le jugement du juge de paix, mais pour un motif assez singulier. Comme le premier juge il estima que la simple promesse de mariage est obligatoire pour les parties et peut être opposée à celui qui se dit l'époux de la promise. Mais dans l'espèce, et fort heureusement pour les mariés, les formalités exigées pour la validité de la promesse n'avaient pas été remplies ; elle était viciée et par conséquent nulle. La femme était en faute pour avoir assisté aux pourparlers de son mariage et la prière appelée fatha n'avait pas été récitée.

En jugeant ainsi le tribunal est resté fidèle à sa jurisprudence tout en donnant satisfaction à l'opinion publique vivement surexcitée par le jugement du juge de paix. Il s'est référé à la coutume kabyle telle qu'elle est exposée dans l'ouvrage de Letourneux et Hanoteau sur la Kabylie et les coutumes kabyles (pages 212 et 213), où sont racontées les diverses cérémonies et fêtes qui précèdent ou accompagnent le mariage. Ce sont le fatha

------

(1) Nous sommes obligé de traiter ici ce point de droit spécial kabyle, parce que la matière ne se scinde pas facilement.

secret, le fatha public après la remise de la dot, puis la célébration du mariage par un marabout.

Le fatha secret qui doit engager irrévocablement les parties et entraîner la livraison de la femme. Mais au chapitre de la nullité du mariage les mêmes auteurs soutiennent que le mariage peut être annulé, si par exemple il n'a pas été célébré publiquement. Que devient alors le fatha secret ? Une formalité secondaire dont l'inexécution n'aura aucun effet sur le mariage.

La loi française doit avoir le dernier mot ici comme dans le droit musulman ; c'est la loi de l'équité et de la morale qu'il faudra appliquer chaque fois que la législation musulmane est obscure ou contradictoire. Nous souhaitons que la Cour d'Alger persévère dans la jurisprudence qu'elle a si sagement inaugurée. Nous pensons aussi que le Procureur général ne manquera pas de lui déférer en vertu du nouvel article 52 du décret de 1889, les décisions contraires rendues sur ces matières (1).

DROIT DE DJEBR

Le droit de djebr ou droit de contrainte matrimoniale est le droit pour le père ou la mère de contracter mariage au nom de leurs enfants encore impubères et même contre leur gré.

Quand il est exercé par le père il s'appelle plus spécialement djebr. Il intervient rarement pour les garçons, car d'ordinaire ils ne se marient que quand ils sont pubères. Les tribunaux n'ont pas eu fréquemment à statuer sur la requête d'un conjoint musulman. Il en est autrement pour les filles ; la dot étant la propriété de la femme, par conséquent de son père ou de son tuteur, on devine l'intérêt de la contrainte. Il est arrivé ainsi qu'une fille mariée par contrainte proteste contre le mariage au moment où elle doit être remise à son époux. Si la contrainte a

(1) Voir sur cette question l'étude de M. Estoublon : Mariages musulmans et Kabyles, *Revue alg.*, 1891, 1, 81.

été légalement exercée, le cadi ne s'arrête pas aux répugnances de la fille, bien que dans la loi musulmane pure, il ait toujours été admis que le droit de djebr était fondé sur une idée de protection des enfants et qu'en conséquence il ne devait être exercé que dans leur intérêt, que s'il en était autrement, le magistrat avait le droit d'intervenir soit pour annuler un mariage désavantageux, soit pour amener à faire contracter mariage en cas de refus non justifié de l'un des époux.

Pareille pratique ne pouvait pas être admise par les juges français. Il n'existe qu'un seul exemple dans la jurisprudence française de conservation du droit de djebr exercé dans ces circonstances. C'est un jugement du Tribunal supérieur d'Alger du 8 mars 1837 (1). Depuis on n'a plus eu de pareils scrupules et toutes les fois qu'une fille mariée contre sa volonté a protesté devant un tribunal français, on n'a jamais hésité à déclarer le mariage nul (2).

Cette jurisprudence est fondée sur des motifs d'ordre divers ; tantôt les magistrats se basent sur les dispositions de la loi musulmane elle-même, et les divergences des deux rites malékite et hanéfite ; tantôt ils invoquent des considérations de morale et d'équité. Voici une espèce : un indigène répudie sa femme en lui laissant une fille en bas âge. Il quitte le domicile conjugal sans plus jamais s'occuper ni de sa femme ni de sa fille. Au bout de seize ans celle-ci est demandée en mariage. On consulte le père ; il refuse de consentir sans autre motif que son bon plaisir et délègue son droit de contrainte à un parent qui donne sa fille à un homme déjà marié.

____

(1) Estoublon, 1837, 3.

(2) Cour d'Alger, 13 novembre 1877, *Bulletin jud.*, 1879, p. 140 ; Cour d'Alger, 2 décembre 1879, *Bulletin jud.*, 1881, p. 74 ; Cour d'Alger, 10 décembre 1877, *Bulletin jud.*, 1878, p. 23 ; Cour d'Alger, 29 mars 1881, *Bulletin jud.*, 1882, p. 156 ; Cour d'Alger, 27 juin 1881, *Bulletin jud.*, 1882, p. 75 ; Cour d'Alger, 9 avril 1881, *Bulletin jud.*, 1881, p. 131 ; Cour d'Alger, 15 avril 1885, *Revue alg.*, 1885, p. 399 ; Tribunal de Sidi-Bel-Abbès, 10 mai 1892, *Revue alg.*, 1892, p. 201.

Celle-ci refuse d'accepter le mariage, parce que le fiancé ne lui convient pas ; la contestation est portée devant le cadi qui maintient le mariage.

La Cour a donné raison à la fille dans son arrêt du 27 juin 1881 (1). Cet arrêt décide « que le pouvoir qu'a le père en droit musulman de marier d'autorité sa fille vierge n'est pas absolu ; il suffit pour s'en convaincre de considérer d'une part les divergences qui se rencontrent à cet égard dans l'interprétation des textes et d'autre part les restrictions nombreuses qu'admettent sur ce point les docteurs de la loi ;

Qu'en premier lieu, il y a une distinction établie entre le rite hanéfite et le rite malékite ; ce dernier reconnaissant au père le pouvoir de marier sa fille vierge quel que soit son âge ; le premier au contraire décidant que les filles aussitôt nubiles ne dépendent plus que d'elles seules ;

Qu'en outre personne n'admet que le père puisse marier sa fille vierge à un individu qui pour une cause quelconque serait impuissant à réaliser le but final du mariage, à un fou, à un possédé des génies, à un lépreux, à un éléphantiasique, à un être difforme, à un noir, à un esclave, à une personne dont la condition ne serait pas égale à la sienne ;

Qu'enfin le droit de contrainte ne donne pas au père celui de l'empêcher de se marier ; si la résistance du père en pareil cas est malveillante et contraire aux intérêts de sa fille, les juges ont le droit et le devoir de ne pas en tenir compte ;

Que le pouvoir du père ne lui appartient donc que dans l'intérêt de la société et de sa fille qui doit être protégée contre son inexpérience tant qu'elle n'est pas sortie de l'état de virginité ;

Qu'en conséquence si le père veut user de son autorité selon son bon plaisir en obéissant à son intérêt personnel ou à de mauvais sentiments, il est du devoir des tribunaux, dont la fille invoque la protection, d'examiner si le père a fait un exercice

____

(1) *Bulletin jud.*, 1881, p. 75.

légitime ou un abus de son pouvoir et dans ce dernier cas de faire rentrer ce pouvoir dans de justes limites. Spécialement lorsque le père divorcé de la mère depuis de longues années a délaissé depuis ce moment sa fille sans s'être jamais acquitté des devoirs qui sont le corrélatif de la puissance paternelle, lorsqu'il n'a jamais cherché à marier sa fille, lorsqu'il a usé au contraire de son pouvoir pour l'empêcher de contracter un mariage convenable, il doit être repoussé dans sa prétention lorsqu'il essaie d'imposer à sa fille un mariage contre lequel celle-ci proteste et qu'il ne désire que dans une pensée de cupidité et en vue de la somme d'argent qui serait pour lui le prix de cette union. »

Il est arrivé que le père après avoir marié d'autorité sa fille, a cédé aux supplications de celle-ci et a refusé de la livrer au mari avec lequel il a contracté. Le Cadi a décidé dans ce cas que le père devait légalement exercer son droit de contrainte. Sur appel interjeté par le père, la Cour a donné tort au Cadi (1).

L'usage en droit musulman autorise les fiançailles, ou plutôt la stipulation que les époux ne consommeront le mariage qu'à une époque déterminée, mais non la consommation du mariage avant la puberté des époux. Si la convention de mariage a lieu avant cette date, la consommation doit être retardée jusque là. La loi musulmane prescrit au magistrat d'imposer ce délai et le mariage sera nul, s'il n'est pas observé (2).

Mais comme il est arrivé souvent que ces prescriptions n'ont pas été suivies, l'autorité française a dû interdire au cadis de recevoir des actes de mariage d'époux non encore pubères, sous peine d'une amende de 200 francs. De nombreuses instructions en ce sens leur ont été adressées par le Parquet Général. Tant que les époux n'ont pas l'âge de la puberté, il ne peut y avoir

----

(1) Alger, 10 décembre 1877. *Bulletin jud.* 1878. 28 et la note.
(2) Alger, 28 juin 1865. Estoublon, 1865. 37; Alger, 29 janvier 1878. *Bulletin jud.*, 1878. 235.

entre eux que des promesses et les promesses des fiançailles ne
sont pas admises en droit musulman (1).

Pour fixer une fois pour toutes la législation sur ces points, il
faudrait une codification officielle du droit musulman et des
coutumes. Ce travail a été entrepris, mais il attend encore
l'approbation et la consécration des autorités compétentes.

SECTION II

*Droits résultant du Sénatus-consulte : droit de servir dans les
armées de terre et de mer, droit d'être appelé à certaines fonctions en Algérie, droit de demander la naturalisation.*

« Il y a deux années, en 1863, dit le rapport de M. Delangle
au Sénat sur le sénatus-consulte du 14 juillet 1865 (2), un
sénatus consulte a fixé le sort de la propriété en Algérie. Aujourd'hui c'est un nouveau pas. Une pierre nouvelle est apportée à l'édifice. L'état des personnes est réglé. » Le texte dont
il est question s'occupe des indigènes, des israélites et des étrangers. Nous n'avons à l'étudier ici que dans ses dispositions relatives aux indigènes, pour lesquels il est encore en vigueur
aujourd'hui.

Il déclare pour commencer que l'indigène musulman est Français. Désormais il n'y a plus de doute, plus de controverse
possible sur sa nationalité ; cette qualité de Français, il en est
investi non seulement en Algérie, mais encore dans tous les
autres pays, en ce sens que la protection qui lui est due est celle
dont jouissent tous les Français hors de France. Néanmoins, il
continuera d'être régi par la loi musulmane. Il peut être admis
à servir dans les armées de terre et de mer. Il peut être appelé

---

(1) Saulayra et Cherbonneau, du statut personnel et des successions,
p. 123.

(2) Mén., 2. 153.

à des fonctions et emplois civils en Algérie. Il peut, sur sa demande, être admis à jouir des droits de citoyen français ; dans ce cas, il est régi par les lois civiles et politiques de la France, (art. 1er du sénatus-consulte.)

L'énumération de ces droits nous montre dans quelle mesure le législateur a entendu lui conférer la qualité de Français ; ce titre de Français lui vaut certaines prérogatives importantes, il a donc intérêt à le porter. S'il veut donner de nouvelles preuves de dévouement à la France et jouir de la plénitude des droits de citoyen français, il devra en faire la demande. Il sera alors assimilé au Français d'origine (1).

L'article 1er du sénatus consulte ne fait que consacrer un état de choses déjà existant. Depuis les premiers temps de la conquête en effet l'indigène a pu garder sa loi et ses juges dans certaines matières. Aussi le texte dit-il : il continuera. Il en est de même des engagements militaires qui ont pu être contractés par le musulman et dont l'origine remonte à l'ordonnance du 7 décembre 1841 (2).

Les fonctions et emplois civils sont énumérés dans le tableau qui suit le décret du 21 avril 1866 (3) ; l'art. 10 fixe les conditions d'admission. Les titulaires de ces emplois ont droit à la pension de retraite dans les mêmes conditions que les fonctionnaires civils ; elle n'est versée à leurs veuves que si le mariage a été accompli sous la loi civile française. La liste est limitative ; à côté de fonctions que l'indigène exerçait déjà au moment du Sénatus-consulte, il s'en trouve d'autres qui lui étaient jusqu'alors interdites. Ainsi nous verrons qu'il pouvait être membre du conseil général et du conseil municipal.

---

(1) La naturalisation est un terme mal choisi pour désigner la soumission complète de l'indigène à la loi française. Il ne change pas de nationalité, puisqu'il est déjà Français. Il renonce plutôt à se prévaloir de son statut musulman dans les matières où la loi musulmane est encore tolérée.

(2) Tilloy, *Répertoire de jurisprudence algérienne et tunisienne*, p. 411, n° 42.

(3) Men., 2, 158.

La question de savoir si l'indigène pouvait être avocat a donné lieu à une discussion que la Cour de cassation a été appelée à trancher. Elle a décidé qu'aucun texte de loi ne peut empêcher l'indigène de plaider, puisqu'il est français, attendu que la qualité de citoyen n'est pas exigée pour exercer la profession d'avocat (1).

Naturalisation. — Il peut sur sa demande être admis à jouir des droits de citoyen français ; dans ce cas il est régi par la loi française, dit l'art. 4 *in fine* du sénatus consulte. Cette disposition est nouvelle ; c'est la première fois qu'il est question dans un texte de la naturalisaton des indigènes.

a) *Conditions*. — Les conditions sont réglées par le décret du 21 avril 1866 (2), modifié par le décret du 24 octobre 1870 (3). L'indigène doit avoir 21 ans (art 1er du décret de 1870). Il n'est pas exigé d'admission à domicile ni de stage de 3 ans. Pour justifier de la condition d'âge il faut produire un acte de naissance, ou un acte de notoriété dressé sur l'attestation de 4 témoins par le juge de paix ou le cadi du lieu de la résidence. (Art. 1er du décret de 1870). Le droit de sceau et d'enregistrement à payer est de 1 franc. (Art. 20 du décret de 1866).

L'indigène se présente en personne devant le maire ou le chef du bureau arabe pour faire sa demande et pour déclarer qu'il entend être régi par les lois civiles et politiques de la France. Il est dressé procès-verbal de la demande et de la déclaration (art. 11 du décret de 1866 modifié). On fait une

(1) Cas., 15 février 1861 (Estoublon, 1864, 1) et arrêt de la Cour d'Alger qui a donné lieu au pourvoi. 21 février 1862 (Estoublon. 1862, 12). Attendu, dit l'arrêt de cassation. qu'il résulte des circonstances de l'arrêt attaqué, qu'elle (la qualité de français) a été au contraire pleinement confirmée par des actes nombreux de l'autorité publique qui ont déclaré les israélites indigènes aptes à remplir les fonctions publiques auxquelles les étrangers ne peuvent pas être appelés.

(Ce qu'il est dit des israélites indigènes doit s'appliquer aussi aux musulmans indigènes, ils sont français tous les deux, et jouissent des mêmes avantages).

(2) Mén., 2, 159.

(3) Mén., 3, 128.

enquête sur ses antécédents et sa moralité (1). Le résultat de cette enquête et le procès-verbal de la demande sont transmis au préfet ou au général de division, puis au gouverneur général qui prononce sur l'avis du comité consultatif (aujourd'hui le conseil de gouvernement) (art. 14 § 2 du décret de 1866 modifié et art. 3 du décret de 1870). C'est donc le gouverneur qui accorde ou refuse la naturalisation. Cependant dans la pratique on continue à suivre les règles en vigueur avant le décret de 1870, d'après lesquelles (art. 13 du décret de 1866) le gouverneur transmet la demande avec son avis au garde des sceaux, qui le soumet au conseil d'Etat. Puis le Président de la République statue par décret sur le rapport du garde des sceaux, le Conseil d'Etat entendu. On justifie cette manière de procéder par le caractère transitoire du décret de 1870. D'autre part par suite de la disparition du comité consultatif, le Gouverneur général eût été réduit à prendre des décisions irrégulières en la forme. On peut répondre que le décret de 1870 n'ayant pas été abrogé, conserve force de loi et doit être appliqué. Quant au comité consultatif, il a été remplacé par le Conseil de gouvernement qui a hérité de ses attributions. (Décrets du 7 octobre 1871, art. 1 et 2 (2) et du 30 avril 1861, art. 1) (3).

b) *Effets.* — L'indigène naturalisé à l'exercice de tous les droits de citoyen français. Il est complètement assimilé au français d'origine. Son statut personnel et son statut réel sont désormais régis par la même loi, la loi française, il ne sera donc plus question ni de polygamie, ni de répudiation, ni de succession musulmane, ni de hadana ; le mariage civil français sera seul admis avec ses effets et ses causes de dissolution. Mais par une juste réciprocité, l'indigène restera étranger aux lois auxquelles il était tenu d'obéir en sa qualité d'indigène musulman. Ainsi

---

(1) Cette enquête porte surtout sur le point de savoir s'il est polygame. Sa demande n'est pas agréée dans ce cas.
(2) Mén., 3. 16.
(3) Mén., 2, 53.

il ne sera plus soumis au code de l'indigénat ; il ne paiera plus les impôts arabes ; il ne sera plus frappé de séquestre ou de responsabilité collective ; s'il habite le territoire militaire, il ne sera plus justiciable des tribunaux militaires en matière pénale. Comme tout français il supportera les charges de sa nouvelle condition, il devra le service militaire et les impôts. Mais en sa qualité d'algérien, il bénéficiera des dispositions de l'art. 81 § 3 de la loi du 15 juillet 1889.

Parmi les modifications que subira son statut personnel, il en est qui peuvent donner lieu à des difficultés. Nous voulons étudier plus spécialement les effets de la naturalisation 1° sur son état civil et 2° sur son mariage.

Les indigènes n'ont pas répondu aux espérances qu'avait conçues le législateur de 1865. Le nombre des demandes de naturalisation, c'est par là qu'ils devaient le récompenser de ses généreuses intentions, était et est encore aujourd'hui fort restreint. Cette abstention provient de différentes cause dont la principale, peut-être, réside dans le Sénatus-consulte lui-même. Pourquoi les indigènes demanderaient-ils à se faire naturaliser, puisqu'ils jouissent, à peu d'exceptions près, de tous les avantages des citoyens français sans en avoir les charges ? La privation des droits politiques leur est peu sensible. Le Sénatus-consulte a eu grandement tort de leur créer une situation trop privilégiée qui, loin de leur faire désirer la naturalisation, les en éloigne au contraire. N'aurait-il peut-être pas mieux valu accorder d'emblée la qualité de français à ceux qui sont jugés dignes d'exercer les fonctions de notaire, les mandats de conseiller général ou de conseiller municipal ou la profession d'avocat ?

1° *État civil. Historique.* — En attendant que la loi du 23 mars 1882 (1) sur l'état civil des indigènes musulmans ait reçu

---

(1) *Revue alg.*, 1885. 3.93.

son application dans toutes les tribus de l'Algérie, il se trouve encore beaucoup d'indigènes qui n'ont pas de noms ; ils ne sont désignés que par leurs prénoms. Ils s'appelleront par exemple Ahmed ben Ali, qui veut dire Ahmed fils d'Ali ; mais Ahmed et Ali ne sont pas des noms de famille. A leurs prénoms, ils ajoutent ainsi le nom de leur père au moyen du mot ben ou ould pour les garçons et bent pour les filles. Quelquefois ils prennent encore un surnom.

Le droit musulman ne connaît pas les actes de l'état civil ; personne n'est chargé de consigner sur des registres, les naissances, les mariages, et les décès. Si les cadis interviennent dans les mariages c'est comme notaires chargés de dresser un écrit sur les conventions pécuniaires et non comme officiers de l'état civil. Encore leur ministère n'est-il pas obligatoire. Pour fournir une attestation de ces actes, les musulmans ont recours à la preuve testimoniale, preuve fragile qui n'a jamais la valeur d'un écrit, même pas en droit musulman.

La constitution d'un état civil des indigènes devenait une réforme urgente ; il est à peine besoin de le démontrer : la confusion qu'ils avaient intérêt à entretenir dans leur généalogie gêna les transactions qu'ils passaient avec les Européens et empêcha souvent l'application de nos lois pénales. Il eût été sage de commencer par leur donner des noms avant que de les soumettre à une déclaration de l'état civil. Les mentions sur les registres eussent gagné en clarté et en précision.

La législation algérienne n'a jamais envisagé l'état civil comme une matière d'ordre public à laquelle les indigènes sont soumis par cela seul qu'ils habitent le territoire français. Nous n'en voulons pour preuves que les textes épars qui le considèrent plutôt comme rentrant dans le statut personnel de l'individu, mais qui marquent en même temps la volonté de le soumettre aux règles de notre droit civil. La tâche était difficile ; il fallait désigner les autorités chargées de recevoir les déclarations, autorités qui variaient sans cesse suivant les époques et suivant les territoires ; il fallait aussi faire une place à part aux actes de mariage, qui à raison de leur caractère exclusivement musulman s'opposaient à toute immixtion de la loi française.

Le 1er mai 1848 seulement parut le premier arrêté sur cette matière (1). Dans l'énumération des attributions ressortissant au service de l'administration civile et indigène de la ville d'Alger on trouve sous la rubrique état civil : Tenue des registres de l'état civil des indigènes pour les naissances et les décès des musulmans soumis au visa du maire d'Alger ; contrôle de ceux tenus par les cadis pour les mariages. Cet arrêté ne concerne que les indigènes de la ville d'Alger. Dans les autres localités érigées en communes ce sont les maires qui reçoivent les déclarations. Le décret du 8 août 1854 (2) porte en effet dans son article 10 : les actes de l'état civil concernant les naissances et les décès des Arabes habitant en dehors des villes et villages sont reçus par les cheiks et rédigés en langue arabe. Ces actes sont immédiatement transmis au maire et transcrits en langue française sur le registre de l'état civil de la commune.

Un autre décret portant la même date sur la création des bureaux arabes départementaux contient la sanction de cette disposition : Par délégation du préfet le chef du bureau arabe départemental ou l'adjoint qui le remplace a le droit par mesure politique d'infliger aux indigènes des amendes de 1 à 15 francs et l'emprisonnement de 1 à 5 jours pour les infractions ci-après, lorsque d'ailleurs elles ne constituent ni crime ni délit. Parmi ces infractions se trouve sous le numéro 5 : la négligence apportée dans les déclarations de naissance et de décès.

Ces mesures étaient timides ; elles ne touchaient qu'une faible partie de l'Algérie, car le territoire civil était peu étendu à cette époque ; il n'était pas question non plus des mariages, des divorces et des répudiations ; mais l'article 11 contenait la pro-

---

(1) Mén. 1, 81
(2) Mén. 1, 83.

messe que dans l'année qui suivra la promulgation du présent décret il serait procédé dans chaque commune à la constitution de l'état civil de la population musulmane.

Dans l'instruction ministérielle du 8 janvier 1859 (1) on lit ceci : En ce qui concerne la constatation des naissances et des décès il est évident qu'elle appartient aux autorités françaises comme pour les Européens. Les mariages et les divorces n'appelant pas, même en territoire civil, l'intervention de nos fonctionnaires, les musulmans continueront à recourir au cadi de la circonscription territoriale. Il en sera de même pour le règlement de leurs intérêts civils, lorsqu'aucun Européen ne sera mêlé à leurs contestations.

Quant au territoire militaire, l'organisation municipale du 20 mai 1868 (2) charge le commandant de place ou l'adjoint civil délégué des fonctions d'officier de l'état civil dans les communes mixte, art. 13 ; dans les communes subdivisionnaires il est institué à chaque djemaa un secrétaire qui est chargé entre autres fonctions de la tenue des registres de l'état civil art. 61.

Enfin le décret du 18 août 1868 (3) sur l'administration des indigènes établis en territoire civil, art. 8, charge les adjoints indigènes de veiller spécialement à ce que les déclarations de naissances et de décès soient faites exactement par leurs coreligionnaires à l'officier de l'état civil. Le rapport qui précède ce texte ajoute : il n'a pas paru opportun d'appliquer aux musulmans les sanctions pénales inscrites dans nos lois en cette matière ; on s'est borné à inscrire dans le décret une disposition qui provoque le concours de ces agents pour l'accomplissement de formalités dont les populations indigènes finiront avec le temps par reconnaître l'importance et l'utilité.

Malheureusement toutes ces dispositions restèrent à peu près

------

(1) Mén., 1.86.
(2) Mén., 3.94.
(3) Mén., 3.26.

sans effet. Elles manquaient de sanction pénale ; et de plus elles
ne changeaient rien aux habitudes qu'avaient les indigènes de
s'appeler par leurs prénoms. Or les déclarations faites dans ces
conditions ne pouvaient être d'une grande utilité.

Aussi quand il s'est agi de constituer la propriété indigène en
1873, cette question de l'état civil se représenta avec ses premières difficultés. Les diverses opérations contenues dans la loi
du 26 juillet 1873 (1) en vue de la transformation de la propriété indigène en propriété française exigeaient un état civil
régulier et conforme aux traditions françaises. L'article 17
de la loi crut combler la lacune en décidant que chaque titre
contiendra l'adjonction d'un nom de famille au prénom ou
surnom sous lequel est connu l'indigène déclaré propriétaire,
au cas où il n'aurait pas de nom fixe. Mais il ne suffisait pas
de donner un nom patronymique à l'indigène déclaré propriétaire ; c'est la famille entière qui aurait dû le porter, car si
cette propriété se transmet à des personnes dépourvues de
nom patronymique, son caractère français se perd et la loi de
1873 aura manqué son effet. Il faut ajouter qu'un grand nombre
de territoires étant restés en dehors de l'application de cette loi,
(art. 2 § 2), l'art. 17 ne pouvait pas atteindre tous les propriétaires.

Il fallait une loi d'ensemble conférant à tous les indigènes
indistinctement des noms patronymiques, s'occupant des moyens
de les conserver et de les transmettre sous une sanction pénale.
C'est le but qu'a poursuivi la loi du 23 mars 1882.

Cette loi comprend 3 parties : dans la première elle attribue
à l'indigène un nom patronymique et constitue son état civil ;
des commissaires spéciaux de l'état civil sont institués pour
recenser la population indigène et pour dresser des arbres généalogiques dans chaque famille ou pour chaque individu isolé. Il

---

(1) Hugues et Lapra, p. 361.

est établi une liste complète de tous les habitants de la commune; on les divise par groupes et on invite chaque famille à choisir un nom patronymique. L'indigène qui n'a ni ascendant mâle dans la ligne paternelle, ni oncle paternelle, ni frère aîné, peut choisir lui-même un nom; dans le cas contraire, le choix appartient successivement à l'ascendant, à l'oncle ou au frère; s'il est mineur, le tuteur choisit pour lui, art. 3. S'il n'y a que des femmes, le choix appartient à l'ascendante, et à défaut à l'aînée des sœurs, art. 4. Si l'indigène a déjà un nom comme propriétaire en vertu de la loi de 1873, il est tenu de le conserver; mais on y joindra le nom du chef de famille qui a toujours le droit de choisir, art. 8. Le travail du commissaire est homologué; c'est à partir de l'arrêté d'homologation que l'usage du nom patronymique devient obligatoire pour tous les indigènes, art. 14.

Les mesures destinées à assurer la conservation des noms consistent : 1° dans la délivrance d'une carte d'identité sur laquelle est inscrit au recto le nom patronymique et au verso l'ancien nom, art. 6; 2° dans les mentions qui doivent être faites à la requête des intéressés en marge des actes de l'état civil dressés en vertu de la nouvelle loi ou de lois antérieures, art. 10; 3° dans l'obligation faite aux officiers de l'état civil, aux officiers publics et ministériels de faire usage du nouveau nom pour désigner les indigènes dans les actes qu'ils sont appelés à recevoir ou à dresser sous peine d'une amende de 50 à 200 francs, art. 14.

Dans la deuxième partie, la loi s'occupe des actes de l'état civil. Du jour où l'indigène doit faire usage de son nom patronymique il est tenu aux déclarations de l'état civil, art. 16, et ces déclarations sont établies dans les formes prescrites par la loi française, art. 17.

La sanction de ces nouvelles obligations se trouve dans la troisième partie de la loi; les crimes, délits et contraventions en matière d'état civil sont punis conformément à la loi française, dit l'article 20.

Aucune difficulté ne peut se présenter pour les actes de naissance et de décès. Mais comment et sous quelle sanction exigera-t-on des indigènes les déclarations de mariage ? L'art. 17, § 2, dispose que les actes de mariage et de divorce sont établis sur une simple déclaration faite dans les trois jours au maire de la commune ou à l'administrateur qui en remplit les fonctions, par le mari et par la femme ou par le mari et le représentant de la femme aux termes de la loi musulmane en présence de deux témoins.

Il n'est pas sans intérêt de connaître la législation antérieure à la la loi de 1882 sur ce point. Nous avons vu dans l'instruction ministérielle de 1859 que les musulmans pouvaient continuer à recourir au cadi de la circonscription territoriale. Le droit musulman va nous dire en quoi consiste cette intervention du cadi dans les mariages.

Dans le rite malékite le mariage peut être prouvé de trois façons : par écrit, par témoins et par les dires des parties.

Un écrit n'est pas nécessaire. L'accord verbal suffit. Dans le cas où le futur est absent il enverra son consentement par écrit. En dehors de cette hypothèse, c'est par parole que le contrat doit intervenir. Mais il peut se faire que les témoins viennent à disparaître ; aussi un usage s'est-il introduit, dans les villes particulièrement, de faire dresser un acte de mariage par le cadi. Ce magistrat ne remplit pas comme chez nous le rôle de l'officier de l'état-civil ; il ne marie pas les conjoints ; on peut se passer de son ministère ; il se borne à recevoir une déclaration qu'il y a eu mariage et à en dresser acte ; une seule partie peut se présenter devant lui. Cette manière de procéder est la plus en faveur auprès des musulmans (1).

____

(1) V. les applications de ce principe dans Sautayra et Cherbonneau : Du statut personnel et des successions, p. 159.

Le mariage peut encore se prouver par témoins. Les déclarations doivent être précises (1). L'attestation de la publicité de la célébration peut aussi établir l'union conjugale. La preuve de cette publicité se fera même par commune renommée. Le témoignage oral est souvent consigné dans un acte de notoriété dressé par le cadi.

En principe le serment de l'époux ne peut servir de preuve. Le rite malékite est formel sur ce point. Cette règle comporte une exception : si l'un des prétendus époux est décédé, le serment du survivant fait preuve de l'existence du contrat. Ainsi le fait de se déclarer l'époux d'une personne décédée suffit pour prouver le mariage. Les auteurs n'accordent ce droit qu'à la femme ; mais ils ne sont pas tous d'accord sur ce point.

Dans le rite hanéfite on trouve une disposition particulière sur la preuve par serment ; le mariage peut être établi non pas par le serment de celui qui affirme, mais par le refus de serment émané de celui qui nie, car le serment est de rigueur pour le défendeur qui nie.

Enfin la preuve du mariage peut résulter des déclarations de l'une ou de l'autre partie ou même des deux parties contractantes. Ce mode de preuve peu fréquent ne s'applique qu'au cas exceptionnel où les époux viennent de l'étranger, où ils n'ont pu se procurer une preuve de leur mariage. Il leur suffit alors de déclarer devant témoins qu'ils se sont mariés à telle ou telle époque.

La jurisprudence des tribunaux algériens a une tendance à annuler les mariages contractés sans écrit ou même à les déclarer inexistants. (Cour d'Alger, arrêt du 11 juin 1862) (3) : Si la loi musulmane rend obligatoires les promesses de mariage, c'est à la condition toutefois qu'elles auront été stipulées par écrit ou que du moins leur existence sera établie d'une manière certaine.

---

(1) *Ibid.*, p. 160.
(2) *Ibid.*, p. 170.
(3) Estoublon, 1862, 31.

Cour d'Alger, arrêt du 30 octobre 1862 (1) : D'après le droit musulman il n'existe aucune distinction entre les fiançailles et le mariage ; et les fiançailles sont considérées comme un véritable mariage dont les seules formalités consistent dans une stipulation écrite ou même verbale entre les représentants des futurs époux, et dans la fixation de la dot à payer à la femme par le mari. Mais en cas de contestation par l'un des futurs époux sur la réalité du mariage, l'union ne doit être maintenue que sur des preuves positives.

Cour d'Alger, arrêt du 14 octobre 1878 (2) : Tous les actes de mariage entre musulmans doivent être passés devant le cadi. En conséquence un acte sous seing privé constatant un mariage ne saurait être considéré comme régulier et n'a aucune force probante.

Cour d'Alger, arrêt du 1er mars 1882 (3) : La preuve du consentement du père de la fille indigène au mariage de celle-ci ne saurait se baser sur de simples témoignages recueillis dans un café, alors surtout qu'aucune somme d'argent n'a été versée à titre de dot, et que le contrat solennel qu'il s'agit d'établir ne résulterait ainsi que de propos vagues.

Tribunal de Sidi-Bel-Abbès, jugement du 10 mai 1892 (4.) : En droit musulman et surtout lorsqu'il s'agit d'établir l'existence d'un acte aussi important que le mariage, la preuve testimoniale ne doit être admise par le juge, que si elle est complètement concluante, et si celui-ci se trouve absolument édifié sur sa sincérité ; spécialement cette preuve doit être rejetée, lorsqu'elle est produite contre une jeune fille après la mort de son père pour établir le consentement donné par ce dernier à son prétendu mariage...

---

(1) *Estoublon*, 1862, 46.
(2) *Bulletin Jud.*, 1879, 63.
(3) *Bulletin Jud.*, 1882, 335.
(4) *Revue alg.*, 1892, 201.

Il n'y avait donc pas de règle fixe ; tout dépendait des circonstances de fait. Aussi l'autorité administrative, puis le pouvoir législatif ont-ils édicté une série de mesures pour arriver à la rédaction d'un écrit destiné à servir de preuve.

Des instructions du Gouverneur général avaient d'abord prescrit que dans les localités indigènes les mariages devaient être constatés par écrit sur des registres de l'état civil tenus par les secrétaires de djemaa, et que dans les communes de plein exercice un registre spécial serait ouvert pour les mariages musulmans. (Circulaire du 29 mai 1874) (1).

Dans la même année parut le décret d'organisation de la justice en Kabylie, qui contenait dans son article 17 le code de l'indigénat (2). Les arrêtés du préfet d'Alger (31 juillet 1876), du préfet de Constantine (8 sept. 1876) et du préfet d'Oran (12 sept. 1876) (3), pris en conformité de ce code sont ainsi conçus : Est considéré comme contravention spéciale à l'indigénat et comme telle passible des peines édictées par les articles 465 et 466 du Code pénal, le défaut par les indigènes de déclarer dans un délai de dix jours à la mairie de leur domicile les mariages qu'ils contractent ou les divorces prononcés à leur égard.

La loi du 28 juin 1881 qui conférait aux administrateurs du territoire civil le droit d'infliger les peines de l'indigénat dans les communes mixtes comprenait parmi les infractions : l'omission ou le retard dans les déclarations de naissance, décès, mariage et divorce. Mais les lois du 27 juin 1888 et du 25 juin 1890 qui ont successivement prorogé de 7 ans en 7 ans les pouvoirs de ces fonctionnaires ne parlent plus de cette infraction. Ce n'était pas un oubli du législateur, car la répression des articles 346, 358 et 359 du Code pénal lui paraissait suffisante,

---

(1) Hugues et Lapra, 253.
(2) Hugues et Lapra, 296.
(3) Hugues et Lapra, 278, 280, 282.

mais ces textes n'ont trait qu'aux actes de naissance et de décès. Une négligence dans les déclarations de mariage ou de divorce ne peut se concevoir, puisqu'il n'y a pas de mariage valable sans intervention de l'officier de l'état civil. On chercherait en vain cette sanction dans la loi de 1882 ; l'article 17 § 2 ne la contient pas, et l'art. 20 se réfère au Code pénal pour punir les crimes, délits et contraventions en matière d'état civil. L'art. 17 § 2 restera donc sans sanction : on ne pourra pas forcer les indigènes à s'y conformer. La sanction civile, c'est-à-dire la nullité qui est attachée au mariage français célébré au mépris des formalités du Code civil ne peut pas non plus trouver place ici, car le mariage et le divorce musulmans sont soumis entièrement pour le fond comme pour la forme à la loi musulmane. L'article 17 § 2 ne vient pas déranger l'économie de cette loi ; il impose aux indigènes une formalité qui n'a d'autre but que de laisser une trace durable de la célébration de leur mariage ou de l'existence de leur divorce (1).

L'application de la loi de 1882 n'a pas encore été faite dans toutes les tribus ; il peut arriver qu'un indigène demande et obtienne la naturalisation avant que les opérations du titre premier de la loi aient été entreprises dans la tribu qu'il habite. Dans ce cas, en supposant que l'intéressé au moment de sa demande, ne porte que des prénoms, devra-t-il se soumettre comme ses coreligionnaires à la nouvelle loi pour se faire donner un nom patronymique ? Rien dans la loi n'indique qu'elle doive s'appliquer aux indigènes non naturalisés plutôt qu'aux naturalisés ; sans doute la qualité de Français que lui donne la naturalisation le soumet entièrement aux lois françaises, par conséquent à l'état civil français tel qu'il est réglé non par la loi de 1882, mais par le code civil ; mais encore faut-il pour cela qu'il se trouve dans les conditions voulues pour que cette application

---

(1) V. jugement du trib. de Sidi-bel-Abbès, 21 janvier 1892, *Revue*, 1892, 197 et la note.

soit possible ; or, à moins de retomber dans les incertitudes et les confusions que la loi a pour but d'éviter, il est impossible de désigner l'indigène, le nouveau Français, par une série de prénoms.

Nous pensons donc que tous les membres de la même famille, qu'ils soient naturalisés ou non, doivent se soumettre aux opérations qui se font dans la tribu. De cette façon, la loi aura atteint son but. Il faut reconnaître toutefois que les peines du code de l'indigénat, qui sanctionnent les prescriptions de la loi, ne sauraient être appliquées au musulman naturalisé ; il pourra même arriver que cet individu empêche l'application de la loi aux membres de sa famille par son refus de choisir un nom, si ce droit lui appartient en sa qualité de chef de famille. La loi n'a pas prévu cette hypothèse, qui se rencontrera probablement très rarement, car le naturalisé n'a pas intérêt à garder son ancien nom. S'il habite une tribu qui ne doit être recensée que dans un avenir plus ou moins éloigné, il sera forcé de faire usage de son ancien nom jusqu'au jour où il aura pris un nom patronymique. Cette situation peut présenter des inconvénients, à raison des nombreuses mentions rectificatrices d'état civil que sa qualité de citoyen français lui imposera. Il aurait intérêt, par conséquent, à être en possession d'un nom patronymique au moment de sa naturalisation. Mais les opérations de la loi de 1882 se font par tribus et non par individus.

Si encore le naturalisé se trouvait être en mesure de choisir lui-même son nom, la marche des opérations pourrait être interrompue pour lui ; les recherches généalogiques ne seraient pas longues, puisqu'il n'a ni ascendant mâle dans la ligne paternelle, ni oncle paternel, ni frère. Si au contraire il n'a pas le droit de choisir, l'application individuelle de la loi risquerait de compromettre l'effet d'ensemble que la loi doit poursuivre. Ces distinctions ne nous paraissent pas rationnelles. Qu'il soit chef de famille ou non, l'indigène a droit au même traitement. Les naturalisations des musulmans sont trop rares pour que nous n'aplanissions pas toutes les difficultés auxquelles elles peuvent donner lieu. Il serait donc naturel de décider, d'après nous, que dès qu'une demande de naturalisation se produit de la part d'un indigène, il lui sera fait immédiatement application de la loi de 1882 ; en attendant que sa demande soit agréée, il reste toujours en sa qualité d'indigène musulman exposé aux peines du code de l'indigénat, s'il refuse de prendre un nom. Il aura ainsi un nom au moment de sa naturalisation, et ce nom il ne sera plus obligé de le changer. La loi de 1882 ne s'oppose pas formellement à des opérations individuelles, puisqu'elle en prévoit dans deux cas : celui où l'indigène à qui le choix d'un nom patronymique appartient est domicilié dans une circonscription autre que la circonscription actuellement recensée, auquel cas il sera mis en demeure de choisir le nom sous lequel sera inscrit le groupe familial (art. 7, § 3), et celui où l'indigène établit son domicile dans une circonscription déjà soumise à la loi ; il devra alors faire sa déclaration au maire et à l'administrateur, art. 15.

Il peut arriver, objectera-t-on, qu'après avoir fait sa demande de naturalisation et après avoir obtenu un nom, l'indigène retire cette demande ; il se sera ainsi joué de l'administration. Ce n'est pas à prévoir ; pour le plaisir de porter un autre nom l'indigène n'usera pas du moyen détourné de la naturalisation, car la loi sur l'état-civil est une de celles auxquelles les musulmans se plient très difficilement ; elle leur impose des obligations gênantes et il faudra encore de longues années avant de leur faire prendre l'habitude de s'appeler entre eux par leurs nouveaux noms.

2° *Mariage.* — Les effets de la naturalisation sur le mariage de l'indigène sont ainsi réglés par la loi de 1889 : la femme mariée à un étranger qui se fait naturaliser Français et les enfants majeurs de l'étranger naturalisé pourront, s'ils le demandent, obtenir la qualité de Français sans condition de stage, soit par le décret qui confère cette qualité au mari ou au père ou à la mère, soit comme conséquence de la déclaration qu'ils feront dans les termes et sous les conditions de l'art. 9. Deviennent Français les enfants mineurs d'un père et d'une mère survivants qui se font naturaliser Français, à moins que dans l'année qui suivra leur majorité, ils ne déclinent cette qualité en se conformant aux dispositions de l'art. 8, § 4 (art. 12).

Faut-il appliquer purement et simplement ces dispositions à l'hypothèse de la naturalisation obtenue par un musulman, ou ne doit-on pas plutôt, en tenant compte de la situation particulière des indigènes et dans le but d'arriver plus promptement à leur assimilation, devancer l'œuvre du législateur et décider qu'en se faisant naturaliser, le musulman communique la qualité de Français à sa femme et à ses enfants mineurs ? C'est notre opinion ; nous allons essayer de la développer.

Une première raison pour laquelle nous ne nous croyons pas liés par l'art. 12, c'est qu'il vise les étrangers. Or, nous savons que l'indigène est Français ; il n'y aura donc pas de changement de nationalité dans la famille ; le statut personnel musulman seul sera remplacé par la loi française. Ce changement dans la condition des personnes n'est pas si important qu'il faille exiger une déclaration expresse des intéressés ; la volonté du mari peut suffire. La femme en droit musulman vit sous une dépendance plus complète vis à vis du mari qu'en droit français ; lui permettre de faire une déclaration, c'est excéder la mesure de capacité que lui reconnaît sa loi propre, surtout si cette déclaration doit avoir pour effet de rompre l'unité de législation dans la famille. Cette unité si désirable dans les familles où la loi du père ne diffère pas sensiblement de celle de la mère, devient presque une nécessité, quand la loi française doit entrer en conflit avec la loi musulmane, qui n'a pas les mêmes fondements.

Déjà lors de la discussion de la loi de 1889 il était fortement question de faire de la loi du mari la loi unique du mariage. « La législation actuelle, disait M. Batbie, limite les effets de la naturalisation à celui qui la demande et l'obtient, de telle sorte que ni sa femme, ni ses enfants ne sont touchés par le décret qui l'accorde.

Il en résulte quelquefois une grande diversité dans les législations qui sont applicables à la même famille. Les uns sont Français, les autres sont étrangers et peuvent même appartenir à des nations différentes. Cela est contraire à l'unité de famille ; nous avons pensé qu'il était nécessaire d'étendre les effets de la naturalisation soit aux enfants mineurs, soit à la femme de celui qui s'est fait naturaliser, afin d'assurer dans la mesure du possible l'unité de la législation dans la famille (1). » Cette opinion était aussi celle du Conseil d'Etat.

M. Camille Sée, commissaire du gouvernement, protesta contre la naturalisation individuelle. « L'idée de mariage et l'idée de dualité de patries sont deux idées contradictoires ; la nationalité des époux comme le mariage doit être indivisible. La femme abandonne famille et patrie pour suivre son mari, elle lui confie son honneur parce qu'en changeant de nom elle devient solidaire de l'honneur du mari. Ne faisons pas du mariage un divorce moral, ne consacrons pas cette doctrine funeste qui au foyer domestique dresse patrie contre patrie. L'enfant doit suivre la condition de ceux dont il est le sang et comme l'image vivante, de ceux qui, après l'avoir appelé à la vie physique, l'ont appelé à la vie intellectuelle, à la vie morale, en lui donnant leurs idées, leurs sentiments et jusqu'à leurs passions (2). »

Ces idées furent adoptées par le Sénat dans une première délibération sur le projet de loi. Mais à la suite de violentes discussions dans la presse, il ne craignit pas de se déjuger et de revenir au système du code civil, tout en conservant la disposi-

---

(1) Sénat, Séance du 13 novembre 1886.
(2) Rapport au Sénat, 13 novembre 1886.

tion qui permet au mineur de réclamer la qualité de Français. Ainsi la loi de 1889 faisait à la famille du naturalisé une situation nouvelle. Pour la femme et les enfants majeurs, le principe du code civil est conservé ; mais des facilités plus grandes leur sont données pour acquérir la nationalité française. Pour les enfants mineurs une règle nouvelle est admise ; ils deviennent Français avec leur père ou leur mère, tout en ayant la faculté de décliner cette qualité dans l'année qui suivra leur majorité.

Nous n'avons pas à entrer dans la critique de ces dispositions ; constatons seulement qu'elles ne sont guère en progrès sur celles des législations étrangères. Un examen rapide des principales d'entre elles permettra de nous en convaincre ; la plupart des législations admettent le principe que l'aquisition ou la perte de la qualité de national par le mari ou le père s'étend à la femme et aux enfants mineurs.

La concession de la nationalité en Allemagne est collective (Loi du 1er juin 1870, art. 11) ; à moins de dérogation, la naturalisation du chef de famille profite à la mère et aux enfants mineurs qui sont encore soumis à la puissance paternelle. Il en est de même en Autriche ; en Hongrie la naturalisation soit ordinaire soit extraordinaire produit les mêmes effets (Loi des 20-24 décembre 1879).

En Bulgarie elle profite à la femme et aux enfants mineurs de 21 ans (art. 6 de la loi du 26 février 1883). Les articles 1 à 4 de la loi du 11 avril 1843 sur la naturalisation des étrangers décident la même chose pour la Colombie.

Aux Etats-Unis la femme suit la condition de son mari ainsi que les enfants, quand ils n'ont pas atteint 21 ans et quand ils résident dans le pays. (Statuts révisés, section 1094 et 2172.) L'act. du 12 mai 1870, art. 10, 1º et 5º qui régit la Grande-Bretagne contient des dispositons analogues.

L'Italie offre une législation qui se rapproche beaucoup de la nôtre : les enfants mineurs suivent la nationalité du père, mais ils peuvent préférer la qualité d'étranger et en faire la déclaration dans l'année qui suit leur majorité, telle qu'elle est fixée par la loi du pays. La femme devient italienne en même temps que son mari. Mais il faut que la résidence soit fixée dans le royaume. (Art. 10 § 4 du Code civil italien.)

La naturalisation est collective aussi dans le Luxembourg. (Constitution du 17 octobre 1868, art. 10.) La législation suisse l'étend aussi à la femme de celui qui l'obtient et aux enfants mineurs qui vivent avec lui. (Loi du canton de Vaud du 3 décembre 1881 ; décision de la Landsgemeinde de Glaris de 1867 (Code civil de Glaris, art. 6 à 9, loi de Bâle-campagne du 9 avril 1877, art. 3.).

Au Brésil, au contraire, les effets de la naturalisation sont personnels. Loi du 12 juillet 1871, art. 5 ; ils le sont aussi en Grèce, mais si à l'époque de la naturalisation la femme et les enfants sont mineurs, ils peuvent acquérir la nationalité hellénique en manifestant leur volonté à cet égard dans l'année qui suivra leur majorité devant l'autorité communale du lieu où ils veulent se fixer, en s'établissant en Grèce et en prêtant le serment de sujétion devant le monarque. (Art. 17 du Code civil.)

La Belgique suit les mêmes règles que nous pour les enfants mineurs. Lors du vote de la loi on réserva la question de savoir si la femme serait naturalisée de plein droit ou si elle aurait simplement le droit d'opter. (Art. 4 de la loi du 6 août 1881.)

Enfin un certain nombre de pays comme le Danemark, l'Espagne, la Hollande et la Suède, n'ont pas résolu expressément cette question (1).

L'unité de législation dans la famille est donc assurée dans la plupart de ces pays ; il ne pourra dès lors s'élever aucun conflit entre les époux sur le point de savoir à quelle loi sera soumise leur union.

---

(1) Weiss : *Traité de droit intern. privé*, p. 256 et s.

Si nous admettons que la loi musulmane continuera à régir la femme mariée à un musulman naturalisé français, l'application du Code civil et du Koran donnera lieu à de nombreuses difficultés ; nous allons en montrer quelques-unes en indiquant les solutions que commandent les principes du droit international et de la législation algérienne.

Comment vont se régler les rapports entre les deux époux ? La femme musulmane par exemple est soumise au droit de correction du mari ; la loi française défend de l'exercer.

En principe la naturalisation ne doit avoir aucun effet sur la condition de la femme. Celle-ci en profiterait donc si elle pouvait se soustraire au droit de correction. D'autre part le mari en devenant français a perdu ce droit. La femme pourra alors s'adresser à la justice et demander le divorce ou la séparation de corps contre son mari qui l'aura frappée.

Cette demande sera fondée, car on ne saurait en aucun cas autoriser le mari à user de violences à l'égard de sa femme, même si la loi musulmane, à laquelle elle est resté soumise dans notre hypothèse, le permet. De pareils actes seraient contraires à l'ordre public international et exposeraient le mari à des poursuites pénales.

La femme gardera la capacité que la loi musulmane lui reconnaît pendant le mariage. Les tiers pourront donc contracter avec elle, elle pourra emprunter, ester en justice, faire des libéralités dans la mesure permise par la loi sans l'autorisation de son mari. Mais nous lui refuserons l'hypothèque légale sur les biens de son mari (1). Elle n'aurait du reste aucune raison d'être, la dot étant fournie non par la femme comme chez nous

____

(1) La jurisprudence française et algérienne a toujours refusé ce droit à la femme étrangère et avec raison. Cependant un arrêt de la Cour d'Alger a décidé le contraire; arrêt du 21 mars 1860 (Estoublon, 1860, 11), cassé par la Cour de cassation, arrêt du 20 mai 1862 (Estoublon, 1862, 30).

mais par le mari (1) ; c'est pour cela qu'on a prétendu que le mariage en droit musulman était une vente, dans laquelle la femme représentait la chose vendue et la dot constituait le prix.

Les conflits deviennent plus graves quand on envisage la question de la puissance paternelle. D'après la loi de 1889 les enfants mineurs suivent la condition de leur père. Ils deviennent donc français avec lui, mais non d'une façon définitive, car ils ont la faculté de décliner cette nationalité dans l'année qui suit leur majorité. Ils doivent prouver qu'ils ont conservé leur nationalité d'origine ; or le mineur musulman n'a jamais eu d'autre nationalité que la nationalité française ; il ne peut donc pas fournir cette preuve et la qualité de français lui est acquise d'une façon irrévocable (2).

Sera-t-il soumis à la hadana de sa mère musulmane ? La hadana est une institution de droit musulman qui se rapproche de la tutelle française, mais qui n'est jamais exercée que par les femmes (3). Du vivant du père, c'est lui qui aura la puissance

---

(1) Sautayra et Charbonneau, *Du statut personnel et des successions*, p. 51.

(2) C'est donc à tort que la Cour d'Alger a décidé dans un arrêt du 29 mars 1893 (*Revue alg*, 1893, 225) que la naturalisation du père n'a aucune influence sur la situation juridique de ses enfants qui conservent leur statut personnel. Il s'agissait dans l'espèce d'une fille mineure.

(3) M. Zeys, dans son *Traité élémentaire de droit musulman algérien* t. I, n°ˢ 186 et 67, donne sur la hadana les explications suivantes :

La mère (n° 60) remplit à l'égard des enfants une fonction d'une nature particulière qui porte le nom de hadana, (mot à mot l'action de couver). La hadana est une tutelle affectueuse, véritable démembrement de celle exercée par le père, et qui résiste même à la dissolution du mariage. L'allaitement en fait partie. Elle consiste dans les soins physiques qu'une mère seule peut donner à un enfant. Au père l'éducation morale, l'administration des biens, le droit de contrainte. A la femme l'éducation physique, le choix de la demeure, des aliments, des vêtements, etc., sous le contrôle du tuteur quel qu'il soit.

La hadana est la revanche de la mère sur la femme si mal traitée par la législation musulmane. Elle dure : 1° pour les garçons, jusqu'à leur puberté, quel que soit leur état de santé physique ou intellectuel ; 2° pour les filles, jusqu'à la consommation du mariage, en raison de leur faiblesse

paternelle ; il est difficile de concevoir qu'à côté de l'autorité paternelle puisse s'exercer l'autorité de la mère sous forme de hadana. Mais après la mort du père, la tutelle française qui s'ouvrira au profit du mineur, pourra-t-elle empêcher la mère d'user de son droit de hadana ? Nous ne le pensons pas. Les rapports de la mère et de l'enfant restent régis par la loi personnelle de chacun ; et de même que le mineur ne peut s'affranchir des obligations que lui impose le code civil, de même la mère est liée vis-à-vis de lui par les prescriptions de sa loi, surtout quand elles ont pour but l'intérêt de l'enfant. Or c'est dans son intérêt que la hadana a été établie. Elle ne fait pas double emploi, comme on pourrait le croire, avec la tutelle. Ces deux institutions ont des caractères différents. Tandis que celle-ci a plus particulièrement pour but la surveillance et la protection des intérêts matériels de l'enfant, celle-là, au contraire, s'occupe plutôt de sa personne, de son éducation physique. La mère y est tenue de par son statut personnel ; la qualité de français de l'enfant ne peut la dispenser de cette charge.

Cependant nous prévoyons diverses objections : les garçons, dira-t-on, peuvent sans inconvénient être soumis à la hadana, car elle ne dure pour eux que jusqu'à la puberté ; il n'en est pas de même des filles pour lesquelles la hadana prend fin seulement à l'époque de la consommation du mariage. Si elles se marient après 21 ans, la tutelle aura cessé alors que la hadana continuera encore, ce qui est évidemment inadmissible et contraire à la loi aussi bien qu'à l'intérêt des enfants. Nous répondons que l'application de la loi musulmane ne doit se faire que dans la mesure où elle est compatible avec la loi française ; rien n'empêche les tribunaux de décider que la hadana finira à telle ou

---

native. Tutelle purement féminine, l'homme n'y est appelé que dans l'hypothèse où il n'existe dans une famille aucune femme appelée à l'exercer. De là une hiérarchie fondée sur une présomption d'affection, etc... (*Revue alg.*, 1887, 2, 92.)

telle époque ; la solution est tout trouvée, si la mère appartient au rite malékite, qui, plus libéral que le rite hanéfite, fait cesser la hadana pour les filles à l'âge de 9 ans accomplis. D'ailleurs il est de jurisprudence constante, même quand il s'agit d'un mineur musulman, de se guider en cette matière uniquement d'après l'intérêt de l'enfant et d'écarter les règles du droit musulman quand elles y sont opposées (1). Cette sollicitude, les tribunaux pourront l'exercer plus utilement à l'encontre d'un mineur français.

Comment, objectera-t-on encore, peut-on concilier le rôle du tuteur avec celui de la hadina (on appelle ainsi la femme qui exerce la hadana) ? (2). N'est-elle pas un obstacle à l'exercice des pouvoirs du tuteur ? Non, car la hadina est placée sous la surveillance du tuteur. Il a un droit de contrôle sur elle ; le cas échéant, il peut provoquer sa destitution ; aussi la femme doit-elle résider à proximité du tuteur,

Les devoirs de la mère envers l'enfant ne se bornent pas à la hadana ; elle doit subvenir à son entretien ; l'allaitement est même obligatoire pour elle, si elle n'est pas de condition élevée, ou si le nourrisson n'a pas de ressources propres pour payer une nourrice. De son côté le mineur sera tenu de la dette alimentaire, mais seulement vis-à-vis des personnes énumérées dans l'art. 205 du Code civil ; dans le rite hanéfite les aliments sont dus à tous les parents entre lesquels le mariage est prohibé ; il ne devra donc rien aux collatéraux, s'ils suivent ce rite (2). Les domestiques des parents ne peuvent non plus en réclamer.

C'est d'après la loi de l'enfant, c'est à dire d'après la loi française que sera organisée la tutelle. Le droit musulman contrairement à l'art. 390 du Code civil, n'investit la mère de la

---

(1) Alger 11 avril 1883), 20 janvier 1879, 26 juillet 1880, 27 juillet 1881, 21 décembre 1886 (*Revue alg.*, 1887, 2.92 et s.); Alger 10 décembre 1888 (*Revue alg.*, 1889, 151).

(2) Alger 3 février 1872 (Estoublon, 1872, 8).

tutelle que quand elle a été désignée par le père dans son testament. Il n'est pas nécessaire que le tuteur d'un mineur français soit français comme lui ; en France, un étranger peut être tuteur ; la question a été longtemps controversée ; mais depuis l'arrêt de cassation du 16 février 1875, (1) la doctrine et la jurisprudence n'hésitent pas à donner ces fonctions à des étrangers. Ce que l'arrêt dit des étrangers, doit s'appliquer *a fortiori* aux indigènes, qui sont français après tout. Le père peut donc instituer sa femme restée musulmane dans notre hypothèse, comme tutrice de son enfant. Voilà donc une musulmane tutrice d'un enfant français et obligée d'observer la loi française. Il est fort à craindre que les intérêts de ce mineur ne soient mal gérés ; sans doute elle pourra s'éclairer des conseils du subrogé tuteur ou des membres du conseil de famille ; mais ces personnes seront elles-mêmes indigènes le plus souvent, car il est difficile de trouver dans les centres où la population européenne est clairsemée, des français en nombre suffisant pour accepter ces charges. La loi française tranchera aussi les questions d'incapacité, d'exclusion ou d'excuse. On empiètera ainsi sur le statut personnel des indigènes. Mais les principes exigent cette solution, si on ne veut pas rendre impossible l'organisation de la tutelle. Entre la loi française du mineur et le statut personnel des indigènes, il ne faut pas hésiter à donner la préférence à la première.

L'hypothèque légale du mineur sur les biens de son tuteur étant une conséquence directe de la tutelle, nous l'accorderons

______

(1) Attendu, dit l'arrêt de cassation, Sirey, 1875, 1, 193,) que la tutelle et la subrogée tutelle déférées aux ascendants dérivent comme la puissance paternelle du droit naturel de protection et de surveillance qui leur appartient sur leurs enfants et descendants, qu'on ne trouve dans nos lois aucune disposition qui exclue de ces charges de famille les père et mère ou autres ascendants étrangers ; que cette exclusion serait contraire aux intérêts des mineurs, pour la défense desquels la tutelle et la subrogée-tutelle sont instituées ; qu'elle porte d'ailleurs atteinte au principe d'autorité qui sert de base à la famille, etc. V. Laurent, *Droit civil international.* T. IV, p. 201 ; T. III, p. 608.

au mineur français sur les biens de son tuteur musulman. Il lui faut une garantie contre la mauvaise gestion de celui auquel ses intérêts pécuniaires sont confiés. Pourquoi lui refuserait-on celle-là ? On peut objecter que les hypothèques sont inconnues en droit musulman ; qu'une hypothèque occulte est d'autant plus dangereuse que les indigènes ne peuvent en soupçonner l'existence ; que les hypothèques judiciaires par exemple ne résultent pas non plus des jugements rendus par les cadis (1).

Nous répondons : sans doute l'hypothèque est inconnue en droit musulman, mais les indigènes s'en servent cependant ; journellement des contrats hypothécaires entre indigènes sont dressés par les notaires français. De plus le manque de publicité peut être suppléé par les dispositions des articles 2136 et suivants du Code civil ; enfin si un jugement musulmans n'entraîne pas hypothèque judiciaire, cela tient à l'impossibilité de concilier les voies d'exécution de la loi musulmane, seules employées ici, avec les voies d'exécution de la loi française. Tout se passe ici entre musulmans et conformément à la loi musulmane ; il est donc naturel que la décision s'exécute suivant cette loi (art. 24 du décret du 17 avril 1889) ; il en est de même aussi pour les jugements en matière musulmane rendus non par les cadis, mais par les juges de paix (art. 36 du même décret). L'hypothèque judiciaire, d'origine toute française, aurait donc pour résultat de contrecarrer l'exécution exclusivement musulmane. Quand il s'agit au contraire de rapports entre un mineur français et un tuteur indigène, c'est la loi française qui doit prévaloir et recevoir une entière application.

Telles sont les matières, les plus importantes du moins, dans lesquelles des conflits peuvent se présenter ; il y a là une source féconde de procès, et il serait regrettable si on ne cherchait pas à les éviter ; les naturalisations sont-elles donc tellement fré-

---

(1) Alger, 16 février 1883 (*Revue alg.*, 1886, 123 et s.). Alger, 4 novembre 1886 (*Revue alg.*, 1886, 123).

quentes de la part des indigènes pour qu'on ne cherche pas à lever les difficultés qu'elles peuvent susciter ? Nous savons bien que non. Il faut donc les rendre aussi faciles que possible, et si la naturalisation de l'indigène marié amène la soumission à la loi française de toute sa famille, il y a lieu de se réjouir de ce nouveau progrès vers l'assimilation.

Nous avons vu que la loi de 1889 laissait en dehors de la naturalisation du mari sa femme et ses enfants majeurs. Seuls ses enfants mineurs y sont entraînés, mais non pas d'une façon définitive. L'unité de nationalité dans la même famille est donc loin d'être complète ; aussi dans la pratique s'efforce-t-on de la réaliser au moins pour les enfants mineurs, en exigeant du père la renonciation de l'enfant à la faculté qui lui appartient par application de l'article 12, § 3 du Code civil de décliner à sa majorité la qualité de français. L'article 11 du décret du 13 août 1889 lui donne ce pouvoir.

Cette précaution sera inutile en Algérie, l'enfant ayant toujours été français. Mais que décider pour la femme musulmane ?

On pourrait tirer argument de la faveur avec laquelle la loi de 1889 traite la femme étrangère, et dire que la femme musulmane étant française a droit à une sollicitude plus grande encore du législateur, et peut revendiquer avec son mari les effets de la naturalisation sans aucune déclaration.

Cette solution peut paraître hardie, étant donné le silence des textes. Mais ne résulte-t-elle pas de l'application des principes admis en droit international ? Si en effet l'unité de nationalité n'est pas indispensable au bien-être des époux et à la bonne harmonie du ménage, leur intérêt commande l'unité de législation. Or dans notre espèce il n'y a plus qu'à s'occuper de celle-ci, la première existant déjà.

La grande majorité des auteurs demande qu'une seule loi régisse le mariage dans ce cas ; ainsi disparaîtront les conflits de loi dans les législations qui n'ont pas encore admis l'effet collectif de la naturalisation (1). Mais le principe une fois admis, il s'agit de savoir quelle loi va être applicable, sera-ce la loi du mari ou la loi de la femme? Les auteurs sont divisés sur ce point. Certains d'entre eux ont proposé d'adopter la loi du domicile. Cette loi se confond dans notre hypothèse — nous supposons toujours le musulman naturalisé et resté en Algérie — avec la loi française, c'est-à-dire la loi du mari. Nous pensons que c'est la loi du mari qui doit l'emporter sur la loi de la femme, et en cela nous ne faisons que suivre l'esprit de la législation algérienne, qui a toujours poursuivi la prédominence de la loi française sur la loi musulmane. Nous ne dirons pas qu'il s'agit ici d'une acceptation présumée de la femme (2) ; ce n'est peut-être pas le cas pour la femme musulmane ; nous invoquerons plutôt le rôle que le mari remplit dans la famille dont il est le chef (3), et qui cadre parfaitement avec l'état de subordination de la femme arabe vis-à-vis de lui.

Un parti important dans la doctrine fait régir le mariage par la loi du contrat, c'est-à-dire dans notre hypothèse, la loi de la femme. Nous ne nous arrêterions pas à ce système qui est condamné formellement par la législation algérienne, s'il n'avait pas été appliqué dans un arrêt de la Cour d'Alger du 5 juin 1883,

----

(1) Proposition faite à l'Institut de droit international, session de Heidelberg, 1887. La loi nationale du futur mari doit régir le mariage. La nationalité de la femme ne sera observée que pour sauvegarder les intérêts privés de celle-ci et de ses parents. (J. D. I. P., 1887, p. 697.)

(2) « Par le fait du mariage, dit M. Esperson, la femme acquiert la nationalité de son mari. Du reste même si elle ne l'acquérait pas, cela importerait peu, le principe de l'unité de famille exigeant que la loi nationale du mari qui en est le chef ait la prépondérance, et la femme ayant par conséquent entendu s'y soumettre. » (J. D. I. P., 1880, p. 339.)

(3) « Il ne peut être question ici que d'un statut personnel unique, dit M. Pic, celui du mari. Les effets d'un même contrat ne peuvent varier suivant que l'on envisage l'un ou l'autre des contractants et puisque le mari est le chef de famille,... sa loi personnelle est la loi du contrat... Nous croyons pour notre part qu'en cas de conflit entre le statut personnel de la femme et celui du mari, c'est à ce dernier qu'il faut donner la préférence : le mari en effet est le chef de la famille, etc... (*Mariage et divorce*, p. 52.)

un des rares documents de jurisprudence qui ait eu à s'occuper des effets de la naturalisation sur le mariage des indigènes musulmans. M. Labbé s'est fait l'éloquent défenseur de la théorie du mariage contrat. « Quand un contrat se forme, dit-il, la capacité de contracter peut dans chaque partie être déterminée par une loi différente, mais la validité du contrat considéré dans son objet et les effets de ce contrat doivent dériver d'une loi unique... Un contrat ne peut donc en ce qui concerne ses effets et ses causes de dissolution être régi que par une seule et même loi. Les nationalités peuvent différer ; mais le contrat n'a qu'un but, créer entre ces personnes des rapports juridiques. Quand un contrat est formé, une des parties ne peut par un changement de nationalité, par sa soumission à une loi nouvelle introduire un changement dans le contrat.. A toute époque la loi doit être la même pour les deux époux, etc... (1)

D'après Wharton les Français qui se font naturaliser en pays étranger peuvent légalement y faire prononcer leur divorce ; mais pour arriver à ce résultat il est nécessaire que les deux parties se fassent naturaliser ; si l'une d'elles reste française, le divorce est illégal.

Nous ne suivrons pas M. Labbé dans ses savantes théories ; pour nous le mariage est plus qu'un contrat ordinaire ; il a deux aspects : l'union créée par le consentement des parties est un état, un état nouveau qui vient modifier la condition des personnes, leur donner la qualité de mari et de femme et leur permettre de se prévaloir des droits que la loi y attache, mais en les obligeant aussi à accomplir les devoirs que cette loi impose. Or, l'état des personnes est régi par leur loi nationale. A côté de ce contrat essentiellement personnel interviennent généralement des conventions pécuniaires qui ne diffèrent pas des contrats ordinaires, et qui ne sont pas soumises à des règles différentes.

---

(1) *De la naturalisation et du divorce au point de vue des rapports internationaux.* (J. D. I. P., 1877, 5).

Ces conventions sont soustraites aux changements qui peuvent
survenir dans la nationalité des époux.

L'unité de législation ne nous paraît pas du reste si assurée
dans la théorie du mariage contrat. Tout ce qui n'a pas trait aux
effets directs du mariage restera en dehors de l'application de la
loi du contrat. Ainsi la capacité des époux continuera à être régie par la loi de chacun d'eux. Ainsi encore la puissance paternelle et l'organisation de la tutelle seront soumises à des lois
différentes, alors cependant que les enfants mineurs sont français (1).

La cause sur laquelle la Cour d'Alger a été appelée à se
prononcer se présentait dans les circonstances suivantes : une
femme musulmane intente une action en divorce contre son
mari musulman comme elle devant le cadi. Au cours de l'instance, et avant que le jugement ait été rendu par le magistrat
musulman, le mari demande et obtient la naturalisation. La
demanderesse déboutée de sa demande interjette appel de la
décision devant la chambre des appels musulmans de la Cour
contre son mari devenu français. La Cour jugeant au musulman
était-elle compétente pour statuer sur cet appel ? Pour admettre
l'affirmative elle n'avait qu'à se retrancher derrière ce fait,
c'est que l'instance ayant été engagée par la femme devant le
cadi au moment où intervenait la naturalisation, il y avait droit
acquis pour la demanderesse à conserver le bénéfice de la juridiction musulmane. Mais la Cour a élargi le débat et a posé le
principe de sa compétence sans se préoccuper de la question de
savoir si la naturalisation avait ou non précédé l'instance engagée. « Attendu (2), dit-elle, que la dame Fifi est demeurée

---

(1) Nous ne faisons que mentionner un système intermédiaire qui n'admettant pas le principe de l'unité de législation dans la famille propose
d'appliquer la loi la moins onéreuse pour l'obligé. La prédominance de la
loi française sur la loi musulmane serait donc assurée dans certains cas,
mais non dans d'autres.

(2) *Revue alg.*, 1885, 310.

musulmane, que la naturalisation de son mari, sans influence sur sa condition, ne saurait avoir pour effet de modifier ou d'abolir les droits qui lui sont acquis, alors surtout que ces droits résultent d'un contrat, et qu'ils doivent leur existence à un consentement mutuel qui serait seul efficace pour les détruire ; attendu que ces droits sont indivisibles, qu'ils consistent aussi bien dans l'exécution des conventions par lesquelles Brihmat et Fifi ont acquis l'un à l'égard de l'autre, la qualité d'époux et d'épouse, que dans la faculté qu'ils ont acquise de provoquer respectivement la dissolution de leur union par les procédés usités dans la loi musulmane, que dans l'élection du juge éventuellement appelé à connaître des difficultés qui pouvaient naître entre eux à l'occasion du mariage par eux contracté ; attendu en effet, que l'on peut affirmer que par rapport à ses relations avec sa femme, Brihmat est demeuré sujet français musulman, en vertu du principe de la rétroactivité inscrit dans le Code civil et par conséquent justiciable de ce chef des tribunaux musulmans.

« Attendu que s'il en était autrement, il faudrait décider non seulement que Brihmat en sa nouvelle qualité devrait être appelé devant les tribunaux ordinaires et y entraîner sa femme, mais encore que le mariage par eux contracté indissoluble, quant au mari, serait dissoluble quant à la femme, et bien mieux que malgré la dissolution du mariage prononcée au profit de sa femme, Brihmat ne pourrait jamais être admis à contracter une nouvelle union aussi longtemps que Fifi vivrait, alors que cette dernière serait admise à contracter un nouveau mariage ; attendu en effet que M. Delangle, dans son rapport au Sénat, lors de la discussion du sénatus-consulte du 14 juillet 1865 affirme ce principe incontestable qu' « il ne peut sur le sol de la patrie exister des citoyens ayant des droits contradictoires » et qu'aux termes de l'art. 227 du Code civil, modifié par la loi du 18 mai 1816 abolissant le divorce et par la loi du 31 mai 1854 abolissant la mort civile, le mariage ne se dissout que par la mort de l'un des époux, et qu'aux termes de l'art. 147 du même Code, on ne peut contracter un second mariage avant la dissolution du premier ; attendu qu'il est impossible d'admettre, même en matière de conflit de législation qu'un fait, unique dans son attitude rationnelle, indivisible dans ses conséquences juridiques, produise des résultats aussi inconciliables ; attendu que ces résultats seraient désastreux pour Brihmat lui-même, puisqu'ils l'enchaîneraient irrévocablement à une situation dont son conjoint serait affranchi, » etc...

Ces motifs partent d'un principe faux, à savoir que c'est la loi du contrat, la loi qui a présidé à sa formation qui doit rester applicable et en régler les effets, quels que soient les changements survenus dans l'état de l'un des époux. Ces règles sont admises pour les contrats ordinaires ; elles doivent être rejetées pour le mariage. L'état d'une personne est régi par sa loi propre, or la naturalisation change cet état ; elle change par conséquent aussi sa loi.

Les conséquences auxquelles conduit le système de la Cour ne sont pas non plus de nature à le recommander. Si « Brihmat est demeuré sujet français musulman en vertu du principe de la non rétroactivité inscrit dans le Code civil et par conséquent justiciable de ce chef des tribunaux musulmans » ce qui est contraire, disons le de suite, à l'art. 1er de l'ordonnance de 1866 alors en vigueur sur la justice musulmane d'après lequel les musulmans seuls sont justiciables des tribunaux indigènes, il faut lui reconnaître non seulement le droit de demander le divorce contre sa femme (1), mais encore celui de la répudier.

Il est impossible d'accorder le droit de répudiation à un mari français. On oublie donc qu'il est naturalisé et que de ce chef il a des droits à faire valoir, même contre sa femme restée musulmane. On pourrait à juste titre retourner contre l'arrêt l'ar-

---

(1) Il n'avait pas ce droit à l'époque où l'arrêt a été rendu.

gument tiré des paroles de M. Delangle : il ne peut sur le sol exister des citoyens ayant des droits contradictoires. Est-il si choquant de voir le mariage indissoluble pour le mari et dissoluble pour la femme ? Le mari, avant de se faire naturaliser, a dû réfléchir aux conséquences de son acte ; il a donc accepté d'avance et en connaissance de cause cette indissolubilité. Dès lors il n'y avait pas de raison pour lui faire reprendre une condition qu'il avait abandonnée. L'unité de législation devait donc être consacrée en faveur de sa loi, c'est-à-dire de la loi nouvelle que sa naturalisation a introduite dans la famille.

Les intérêts des deux époux eussent été mieux sauvegardés si, à défaut de cette solution, la loi de chacun avait trouvé application, au risque de voir l'unité de législation sacrifiée. Nous souhaitons que si la question se représente, la Cour inaugure une jurisprudence nouvelle et donne le pas à la loi française sur la loi musulmane ; la loi qui a rétabli le divorce et celle qui régit la naturalisation lui rendront cette tâche plus facile.

L'arrêt a été cassé par la Cour de cassation pour violation de l'article 1er, § 3, du Sénatus-consulte du 14 juillet 1865 (1). Mais la Cour suprême n'a pas tranché le point de savoir quelle loi sera applicable.

L'arrêt de la Cour d'Alger du 12 mai 1879 (2) avait déjà fait une application du Sénatus-consulte en décidant que l'indigène musulman naturalisé Français était soumis à la loi française et que toute contestation entre lui et un indigène était de la compétence des tribunaux français. Le juge musulman, saisi par lui d'une demande en divorce, devait donc se déclarer incompétent.

Le droit d'être soumis à la loi musulmane n'est pas absolu, il ne lie que ceux qui y consentent ; faculté est laissée aux autres d'opter soit pour la loi française, soit pour le juge français.

---

(1) *Revue alg.*, 1885, 315.
(2) *Bulletin jud.*, 1880, 77.

SECTION III

Droit pour les indigènes d'opter soit pour la juridiction.
soit pour la législation françaises.

D'après l'article 3 du décret du 17 avril 1889, qui est le dernier texte sur la matière, les musulmans peuvent renoncer par une déclaration expresse dans les affaires énoncées à l'article premier, c'est-à-dire le statut personnel, les successions et les immeubles dont la propriété n'est pas établie conformément à la loi du 26 juillet 1873, ou par un titre administratif, notarié ou judiciaire, à l'application de leurs droits et coutumes pour se soumettre à la législation française. D'après l'art. 7 du même décret, les parties peuvent d'un commun accord, saisir le juge de paix dans les contestations qui sont portées devant le cadi. L'accord est réputé établi et le défendeur ne peut plus demander son renvoi devant une autre juridiction, lorsqu'il a soit fourni ses défenses, soit demandé un délai pour les produire, soit laissé prendre un jugement contre lui. — Les indigènes peuvent donc, ou bien soumettre leurs différends au juge français, au lieu de s'adresser à leur juge musulman, ou bien faire régir leur convention par la loi française. De là une double option, l'option de juridiction et l'option de législation.

Option de juridiction. — Dès les premiers temps qui ont suivi la conquête il a été permis aux indigènes d'opter en faveur de la juridiction française. L'art. 27 de l'ordonnance du 10 août 1834 dit en effet : Les tribunaux français connaissent de toutes les affaires civiles et commerciales entre français, entre français et indigènes ou étrangers, entre indigènes de religion différente, entre indigènes et étrangers, entre étrangers, enfin entre indigènes de la même religion quand ils y consentent. Ce texte voulant favoriser les musulmans et peut-être aussi diminuer l'importance de leurs tribunaux, ne fut pas reproduit par l'ordonnance du 26 septembre 1842. Il resta néanmoins en vigueur. Ce n'était qu'une omission involontaire de la part du législateur ; aussi voit-on le décret du 1er octobre 1854 rendre de nouveau les tribunaux français compétents pour les litiges que les indigènes veulent bien leur soumettre.

Cette disposition se retrouve dans les décrets qui suivent sur la justice musulmane : art. 2 du décret du 31 décembre 1859 ; art. 2 du décret du 13 décembre 1866 ; art. 2 du décret du 8 janvier 1870 ; art. 7 des décrets du 10 septembre 1886 et 17 avril 1889.

L'option de juridiction ne peut résulter que d'un fait : la comparution du demandeur et du défendeur musulmans, agissant d'un commun accord devant le tribunal français compétent dans les conditions de l'art. 7 du décret de 1889.

Il ne peut s'agir ici de la comparution de ces personnes devant un officier public français pour faire recevoir leur convention, car cet officier ne peut appliquer d'autre loi que la loi française ; nous tombons ainsi dans l'option de législation.

L'art. 2 du décret du 13 décembre 1866 nous indique les effets de l'option de juridiction : la juridiction du juge français est substituée à celle du cadi, et lui est assimilée pour le taux du premier et du dernier ressort. Le juge français remplace donc le juge musulman, mais seulement pour le jugement de l'affaire ; l'exécution restant toujours confiée au cadi, parce que les décisions en matière musulmane sont exécutées selon les règles de la loi musulmane, art. 36 du décret de 1889. Les parties qui optent pour la juridiction entendent rester soumises à leurs lois ; elles demandent seulement d'autres juges (1).

Le juge compétent en pareil cas est le juge de paix, il est en

____

(2) La Cour d'Alger dans un arrêt du 4 décembre 1865 (Estoublon, 1865, 53), a fait application de ce principe en décidant que bien que deux musulmans aient porté leur contestation devant un tribunal français, c'est la loi musulmane qui doit leur être appliquée, s'ils n'ont pas déclaré contracter sous l'empire de la loi française, (décret du 31 décembre 1859, art. 1 et 2).

effet le juge de droit commun entre musulmans (art. 2 du décret de 1866 et art. 7 des décrets de 1886 et de 1889). Il jugera toujours en premier ressort, le cadi qu'il remplace n'étant compétent que dans cette limite, les contestations relatives au statut personnel et celles concernant les successions dont la valeur ne dépasse pas 500 francs (art. 19 du décret de 1889).

Le tribunal est incompétent et cette incompétence est absolue. La Cour d'Alger a toujours attribué le caractère d'ordre public à cette incompétence (1). L'arrêt cité du 23 mai 1888 décide : le décret du 10 septembre 1886 art. 7 et 26 a substitué les juges de paix aux cadis comme juges de droit commun au premier degré entre musulmans, ne réservant à ces derniers magistrats que la connaissance des questions relatives au statut personnel et aux successions ; en conséquence ce sont les juges de paix statuant en matière civile et musulmane qui sont à l'exclusion des cadis compétents pour connaître des actions immobilières entre musulmans au sujet des immeubles non soumis à la loi française.

Nous pouvons considérer cet arrêt comme rendu sous l'empire de la législation du décret de 1889, puisque les articles 7 et 26 des deux décrets sont identiques au fond.

Cette jurisprudence est critiquable ; il n'est pas exact de dire que l'attribution des juridictions est d'ordre public ; la compétence des juges de paix, des tribunaux d'arrondissement et des cours d'appel se réfère bien à l'ordre des juridictions, mais n'empêche cependant pas les parties de soumettre d'un commun accord devant le tribunal le litige qu'elles doivent porter devant le juge de paix. Le décret de 1886 en étendant la compétence

---

(1) Alger 6 janvier 1875 (Robe 1875, 260); Alger 6 janvier 1877 (*Bulletin jud.*, 1877, 90,; Alger 21 novembre 1877 (*Bulletin jud.*, 1878, 60) : Alger 12 février 1878 (Robe 1878, 81).

En sens contraire : Alger 12 janvier 1876 (Robe 1876, 32,.

Depuis le décret de 1886 la cour d'Alger a maintenu sa première jurisprudence : Alger 9 mai 1888 (*Revue alg.*, 1888. 128) ; Alger 14 février 1888 (*Revue alg.*, 1888, 156) ; Alger 23 mai 1888 (*Revue alg.*, 1888, 129,.

de nos tribunaux en matière musulmane a voulu rapprocher l'indigène du siège de la justice. Si donc celui-ci trouve préférable de plaider devant le tribunal plutôt que devant la justice de paix, il ne faut pas, sous prétexte d'ordre public, lui interdire l'accès de notre justice. La Cour dit que l'instance engagée devant le juge de paix est moins longue et moins coûteuse. Mais alors pourquoi parler d'ordre public, si l'intérêt seul des indigènes est en jeu ?

Il faut remarquer que l'option de juridiction ne se conçoit que pour les matières qui sont de la compétence des cadis ; c'est-à-dire les matières de statut personnel et de statut successoral. Les affaires immobilières indigènes sont du ressort du juge de paix qui applique la loi musulmane. L'option de législation seule peut trouver place dans ce cas.

Option de législation. — L'option de juridiction ne se comprend pas sans l'option de législation ; aussi l'article 31 de l'ordonnance du 10 août 1834 dispose-t-il : les indigènes sont présumés avoir contracté entre eux selon la loi du pays, à moins qu'il n'y ait convention contraire.

L'article 31 de l'ordonnance du 26 septembre 1842 est conçu dans le même sens.

Le décret du 31 décembre 1859 est plus explicite encore dans son article premier : La loi musulmane régit toutes les conventions et toutes les contestations civiles et commerciales entre indigènes musulmans ainsi que les questions d'état. Toutefois la déclaration faite dans un acte par les musulmans qu'ils entendent contracter sous l'empire de la loi française entraîne l'application de cette loi et la compétence des tribunaux français. Ces dispositions sont reproduites dans le décret du 13 décembre 1866 ; le décret du 29 août 1874 (1) dans ses articles 2 et 3 les applique aux indigènes de la Kabylie.

-----

(1) Hugue et Lapra, 296.

Dans les affaires énoncées à l'art. 1er, dit l'art. 3 du décret de 1889, les musulmans peuvent renoncer par une déclaration expresse à l'application de leur droit et coutumes, pour se soumettre à la législation française.

Le juge de paix remplacera le cadi comme dans l'option de juridiction. Aucune difficulté ne se présentera, s'il s'agit des affaires personnelles ou successorales. Mais quelle sera la juridiction compétente pour les affaires immobilières ? L'option de législation en matière immobilière équivaut à la francisation de l'immeuble ; un immeuble indigène est français du jour où on lui applique la loi française ; or le juge de paix n'a aucune compétence en matière immobilière française, en dehors des actions possessoires. Nous pensons donc que le tribunal sera compétent. C'est en vain qu'on objecterait que l'art. 7 soumet au juge de paix toutes les questions autres que celles relatives au statut personnel et aux successions ; si on prenait cet article à la lettre, il faudrait dire que le juge de paix est compétent même en matière immobilière française, ce que l'art. 26 condamne formellement.

La renonciation peut être expresse ou tacite. La déclaration sera être insérée soit dans la convention originaire, soit dans une convention spéciale, art. 3.

La renonciation tacite résultera de la comparution des parties devant un officier public français, art. 3 ; cependant un arrêt de la Cour d'Alger du 1er août 1848 (1) a décidé qu'elle pourrait résulter de stipulations prohibées par la loi musulmane. La stipulation d'intérêts dans un prêt d'argent, décide cet arrêt, de la part d'indigènes algériens implique chez eux l'intention de soumettre leur convention à la loi française. Par suite le créancier est fondé à réclamer le paiement des intérêts stipulés, alors même que le prêt à intérêt est prohibé par la loi musulmane. — Nous croyons que c'est outrepasser les dispositions de l'article 3.

---

(1) Estoublon, 1818, p. 17.

Cette option ne peut s'induire de la comparution des parties devant un officier public français, le notaire par exemple, que tant que ces mêmes parties auraient pu tout aussi valablement s'adresser au cadi notaire. S'il s'agit d'un immeuble dont la propriété est constatée par un titre français, et qui est par conséquent régi par la loi française, les parties n'ont pas le choix entre le cadi et le notaire ; celui-ci est seul compétent et a seul qualité pour instrumenter. Il en résultera que la convention sera régie par la loi française qui s'impose dans ce cas, mais pour les questions de fond seulement, les parties étant toujours régies par leur loi propre pour tout ce qui a trait à leur statut personnel. La réception de l'acte par le notaire français n'implique pas abandon de ce statut.

Pour que la renonciation expresse ou tacite soit valable, il faut encore que l'acte constitue la convention originaire des parties ; par conséquent elle n'est pas valable, si l'acte n'est que la reproduction de conventions antérieures qui n'ont pas été reçues par un officier public français et qui ne contiennent pas mention de cette renonciation (1).

Il faut de plus que les parties aient la double capacité voulue pour faire d'abord la convention originaire d'après leur loi personnelle et ensuite la renonciation à cette loi (2). — Ni la transcription du contrat immobilier, ni l'enregistrement de la convention ne peuvent être assimilés à la réception de la convention par un officier public français, car ces formalités sont exigées des Musulmans aussi bien que des Européens.

On a contesté (3) aux indigènes musulmans le droit de faire une abdication même partielle de leur statut personnel par

---

(1) Cour d'Alger, 10 mars 1890, *Revue alg.*, 1890 p. 266 ; Cass., 11 décembre 1889, *Revue alg.*, 1890, p. 189.

(2) Alger, 8 mars 1890, *Revue alg.*, 1890, 261 ; Cass., 17 février 1890, *Revue alg.*, 1891, 414.

(3) *Commentaire du décret sur la justice musulmane de 1889*. Robe, 1889, p. 233 et s.

une simple déclaration exprimée dans une convention. La
question s'est surtout posée à propos des mariages des indigènes
israélites célébrés devant l'officier de l'état-civil français.

Le statut personnel des musulmans indigènes, a-t-on dit, est
aussi indélébile que celui des étrangers. L'option directe pour
la loi française ne leur est donc pas permise dans ces matières ;
elle ne peut résulter qu'indirectement par la voie de la naturalisation. Ainsi le mariage une fois contracté suivant la loi musulmane, il ne saurait dépendre des parties d'en soumettre les
effets à la loi française. La seule renonciation qui puisse se concevoir est celle que la jurisprudence des tribunaux algériens a
toujours admise et qui résulte de la célébration du mariage
devant l'officier de l'état-civil français ; même ici la capacité
des parties reste régie par la loi musulmane, la loi française ne
gouvernant que les effets directs du mariage.

Nous ne croyons qu'on puisse faire ces distinctions en présence
de la généralité des termes de l'article 3 ; il ne faudrait pas
perdre de vue que l'indigène est Français ; c'est à raison de
cette qualité que ces avantages lui sont accordés, et ce ne sont
pas les seuls. Au surplus l'option dans la plupart des cas n'est
que temporaire ; elle n'a trait qu'au contrat, qu'au rapport juridique et ne met pas obstacle à une demande de naturalisation.
En vertu de ces principes, il a été décidé qu'un musulman peut
changer l'ordre de son statut successoral et déclarer que sa succession sera soumise tout entière à la loi française (Jugements
du tribunal de Blida des 15 janvier et 13 mars 1889 (1).

Naturellement pareille renonciation doit être faite de façon à
ce qu'il n'y ait aucun doute sur les intentions de la partie renon-
çante. La femme musulmane est capable d'après sa loi ; si elle
veut renoncer à cette capacité, il faut qu'elle le déclare dans
une convention spéciale ; la renonciation ne s'induirait pas de la

____

(1) Robe, 1889, 178.

reception seule de la convention originaire par un officier public français, une célébration de mariage par exemple.

Effets de l'option de législation. — L'option de législation produit le double effet de faire régir la convention par la loi française et de rendre les parties judiciables des tribunaux français ; le juge musulman ne pouvant appliquer une loi à laquelle il est étranger ; art. 6 du décret de 1889 : dans tous les cas où la loi française est applicable, les musulmans sont justiciables de la juridiction française. — Pour cette raison, l'option de législation entraîne l'option de juridiction, tandis que au contraire, l'option de juridiction n'empêche pas l'application de la loi musulmane par les magistrats français.

A mesure qu'on restreint la juridiction du juge musulman et l'application de la loi musulmane, l'option de juridiction et l'option de législation perdent du terrain. On peut entrevoir le jour où la propriété immobilière algérienne sera tout entière régie par la loi française. Il ne restera plus alors soumis au Koran que le statut personnel et successoral des indigènes.

Le décret du 25 mai 1892 qui est venu apporter quelques modifications au décret de 1889 a rendu à certains cadis la connaissance des affaires mobilières entre indigènes, dans les limites de compétence telles qu'elles étaient fixées avant le décret de 1866. On peut se demander, puisque le décret n'en parle pas, si le droit d'option de juridiction ou de législation existe pour ces affaires ; l'affirmation ne saurait être douteuse. Du moment où les indigènes peuvent renoncer à leur loi et à leur juge dans les affaires personnelles, à plus forte raison doivent-ils pouvoir le faire dans les matières mobilières, beaucoup moins importantes.

Les décisions de jurisprudence sur cette matière sont assez rares ; les indigènes restent fidèles au Cadi et au Koran.

CHAPITRE III

Les indigènes musulmans dans les assemblées locales (1)

Il n'est pas aisé de se prononcer sur le véritable caractère du droit qu'ont les indigènes d'être admis et de siéger dans les assemblées locales aux conditions déterminées par la législation algérienne. Est-ce un droit politique ? Nous ne le pensons pas. Aussi l'intitulé de ce chapitre ne porte-t-il pas ce nom.

Les indigènes musulmans font partie des conseils généraux et des conseils municipaux. En principe les citoyens français seuls entrent dans ces assemblées ; c'est donc par exception que les musulmans qui ne le sont pas y sont admis. Si l'on considère qu'ils forment l'élément le plus dense de la population algérienne, on ne doit pas être étonné de les voir délibérer sur des affaires où leurs intérêts sont intimement mêlés ; mais il eût été dangereux de les admettre en trop grand nombre ; aussi le législateur a-t-il eu soin, tout en leur donnant les satisfactions que réclame leur situation, de restreindre leur influence dans une sage mesure.

SECTION PREMIÈRE

Les indigènes dans les conseils généraux

§ 1er. *Décret de 1858.* — Le décret du 27 octobre 1858 (2), qui a institué les conseils généraux en Algérie, dispose dans son

---

(1) *Etudes de droit international*, Rouard de Card, p. 181.
(2) Mén., 1, 37.

article 17 : Les membres des conseils généraux sont nommés par l'Empereur sur la proposition du ministre de l'Algérie et des colonies. Ils sont choisis parmi les notables européens ou indigènes résidant dans la province ou y étant propriétaires.

C'est donc l'Empereur qui les nomme et dans la proportion qui lui plaît ; le décret n'indique pas de chiffre. Il ne dit pas non plus s'ils ont le droit de délibérer comme les Européens ou simplement le droit d'être consultés. Nous verrons qu'on leur a reconnu les mêmes droits qu'aux Français.

Cette organisation se trouve maintenue après la suppression du ministère de l'Algérie et des colonies (art. 17 du décret du 10 décembre 1860) (1).

§ 2. *Décret de 1870*. — Il faut aller jusqu'en 1870 pour trouver un autre régime. Dans le décret du 11 juin de cette année, toutes les fractions de la population algérienne sont représentées dans les conseils généraux : Jusqu'à la loi définitive qui doit régler l'administration départementale en Algérie, le conseil général de chaque province sera composé de conseillers français, indigènes musulmans, indigènes israélites, étrangers, dit l'art. 1er (2). La part attribuée à chacune des catégories ci-dessus désignées dans le conseil général est fixée par le tableau joint au présent décret.

Le système électif déjà voté une première fois sous l'empire du décret du 9 décembre 1848 (3) (ce décret ne fut pas exécuté), est rétabli, mais pour le territoire civil seulement ; dans le territoire militaire les conseillers sont toujours nommés par l'Empereur sur la proposition du Gouverneur général. art. 3. Le mode de nomination étant le même pour tous, leurs droits doivent être égaux aussi.

Ce système était très libéral, trop libéral peut-être pour

---

(1) Mém., 2, 4.
(2) Mém., 3, 173.
(3) Mém., 1, 26.

l'époque. On ne peut se faire facilement à l'idée que toutes les personnes résidant en Algérie, sans distinction de nationalité, deviennent du jour au lendemain électeurs et éligibles, sans que rien ne vienne justifier cette dérogation à nos lois.

Le décret du 11 juin 1870 ne resta en vigueur que pendant 6 mois. On revint à des idées plus saines avec le décret du 28 décembre 1870 (1) qui abrogea le précédent.

§ 3. *Décret du 28 décembre 1870.* — Ce texte débute ainsi : Considérant que le décret du 11 juin 1870 qui a organisé l'élection des membres des conseils généraux de l'Algérie est en opposition avec les principes du droit public, puisqu'il confère le droit d'électeur et d'éligible en matière politique à d'autres qu'aux citoyens français ou naturalisés français, considérant qu'il ne saurait y avoir dans les 3 départements de l'Algérie d'autre politique que la politique française ; considérant relativement à la différence qui existe entre le nombre des citoyens électeurs et le chiffre total des départements, qu'il y a lieu de maintenir au sein des conseils les membres indigènes dont la présence a répondu dans le passé aux exigences de cette situation particulière, décrète...

L'article 5 détermine le nombre et le mode de nomination des conseillers musulmans qui sont appelés assesseurs musulmans. Sur 36 conseillers qui composent chaque conseil, 6 sont choisis parmi les indigènes musulmans naturalisés ou non. Ils sont nommés par le ministre de l'intérieur sur les propositions du préfet pour le département, et du général de brigade pour le territoire militaire.

Avaient-ils comme autrefois voix delibérative ou simplement voix consultative ? Il y avait lieu de se poser cette question, étant donné qu'on les désignait d'un nom nouveau et qu'on ne les élisait plus. On pensait généralement qu'ils n'avaient que voix consultative. Le ministre de l'intérieur consulté sur ce

---

(1) Mén., 3, III.

point déclara dans son rapport au Président de la République qu'ils avaient voix délibérative. Le Président de la République donna son approbation et une décision fut prise en ce sens le 29 novembre 1871 (1). « Dans ma pensée, est-il dit au rapport, les assesseurs musulmans ont voix délibérative. Le décret du 28 décembre 1870 porte en effet dans son préambule « qu'il y a lieu de maintenir au sein des conseils les membres indigènes dont la présence a répondu dans le passé aux exigences de la situation particulière des populations », et l'article 6 de ce décret en fixant le nombre des membres du Conseil général de chaque département, comprend dans ce nombre six membres assesseurs choisis comme par le passé parmi les indigènes musulmans. Or dans le passé, c'est à dire de 1858 à 1870, les indigènes musulmans membres des Conseils généraux, ont toujours eu voix délibérative et pour les en priver il eût fallu une disposition expresse, alors surtout que l'intention de maintenir leurs droits antérieurs est formellement exprimée.

Il est vrai, et c'est de là que le doute est probablement venu, que le décret du 28 décembre 1870 appelle les membres indigènes des assesseurs ; mais cette qualification n'implique pas nécessairement le retrait de la voix délibérative, puisque dans divers textes de la législation coloniale on rencontre des assesseurs ayant tantôt voix consultative, tantôt voix délibérative. Tels sont par exemple les décrets des 5 mai 1861 et 13 décembre 1866 sur la justice musulmane. Il y a lieu de penser qu'en désignant les indigènes par le titre d'assesseurs, le décret du 28 décembre 1870 a voulu marquer une différence d'origine entre ces membres qui devaient être nommés et les membres français qui devaient être élus et nullement retirer aux premiers un droit qui résultait pour eux de la législation antérieure. »

Le décret du 20 décembre 1871 (2) prononça la dissolution

---

(1) Mén., 3, 113.
(2) Mén., 3, 113.

du Conseil général du département d'Alger qui avait « refusé d'admettre à l'exercice du droit de vote les membres indigènes désignés en vertu de l'article 5 du décret du 28 décembre 1870 ».

Parmi les textes cités à l'appui on trouve mentionnée la loi du 10 août 1871 sur les Conseils généraux de France. Cette loi n'a pas été promulguée en Algérie. Le ministre de l'intérieur, quand elle fut votée, avait promis une loi spéciale pour les Conseils généraux de la Colonie. En attendant et pour couper court à toutes les difficultés sur le droit de vote des assesseurs musulmans, — il s'en était produit de nouvelles à propos de la commission départementale — la loi du 22 novembre 1872 (1) leur reconnaît formellement voix délibérative, art. 4 : Jusqu'à la loi sur la réorganisation de l'Algérie, les assesseurs musulmans conserveront la voix délibérative que leur donne le décret du 28 décembre 1870.

Cette loi se fit attendre. C'est le décret du 23 septembre 1875 qui vint organiser les conseils généraux en Algérie et les régit encore aujourd'hui.

§ 4. *Décret du 23 septembre 1875.* — Les assesseurs musulmans sont choisis parmi les notables indigènes domiciliés dans le département et y possédant des propriétés. Ils sont nommés par le Gouverneur général, art. 5 § 2. La durée de leurs fonctions est de 6 ans ; ils sont renouvelables par moitié aux mêmes époques que les conseillers français, art. 21 § 2. Ils ne peuvent être plus de 6 par département. Le décret ne fixe pas de chiffre, mais il se réfère implicitement aux dispositions antérieures.

Ils exercent en principe les mêmes pérogatives que les conseillers élus. Ainsi ils prennent part à l'élection des membres du bureau ; quand le conseil nomme des commissions pour l'examen des affaires qui lui sont soumises, un assesseur musulman doit

---

(1) Hugues et Lapra, 169.

faire partie de chaque commission ; art 26. D'après l'art. 69 la commission départementale se compose de cinq membres et d'un membre musulman désigné par le Gouverneur. La présidence de la commission est réservée exclusivement aux membres français, art. 71 : la commission départementale est présidée par le plus âgé des membres élus.

Ils peuvent être élus comme délégués par le conseil général pour siéger au conseil supérieur de Gouvernement. Ce conseil est chargé d'examiner le projet de budget, l'assiette et la répartition des impôts préparés par les soins du Gouverneur général (art. 7 du décret du 11 août 1875). Il se compose : 1º des membres du Conseil de Gouvernement ; 2º des officiers généraux commandant les divisions territoriales ; 3º des préfets des départements ; 4º de six délégués du conseil général de chaque département. Ces délégués sont élus pour 3 ans au scrutin de liste et à la majorité absolue des suffrages (art. 6 du décret).

Le texte ne dit pas si ces délégués doivent être pris parmi les conseillers français ou les assesseurs musulmans.

En revanche ils n'entrent pas dans le collège électoral pour la nomination des sénateurs (art. 11 de la loi organique du 2 août 1876 sur l'élection des sénateurs), sauf dans le cas où ils sont eux-mêmes citoyens français. Nous avons vu en effet que le décret du 28 décembre 1870, art. 5, permettait de choisir les assesseurs musulmans parmi les indigènes naturalisés ou non. Le décret de 1875 paraît avoir maintenu cette particularité.

Bien des critiques ont été adressées contre cette organisation. Les assesseurs musulmans se plaignent d'avoir des droits amoindris ; il arrive qu'en se joignant à la minorité ils forment souvent une majorité factice et faussent l'opinion des conseils généraux. Aussi les délibérations s'en ressentent-elles. Il y a lieu d'apporter des modifications à ce système (1).

---

(1) Rouard de Card, *Etudes de droit international*, p. 199.

SECTION II

*Les indigènes dans les conseils municipaux des communes du
territoire civil.*

§ 1. *Communes de plein exercice.* — En territoire civil on
trouve : 1° des communes de plein exercice, 2° des communes
mixtes ; en territoire militaire : 1° des communes mixtes, 2° des
communes indigènes.

Les communes du territoire civil sont les plus importantes.
Avec l'extension du régime civil elles sont destinées à remplacer les communes du territoire militaire. Les communes mixtes
elles-mêmes ne sont que transitoires et doivent se transformer
un jour en communes de plein exercice, quand la population
européenne sera devenue plus forte.

Les communes de plein exercice s'administrent à peu d'exceptions près comme les communes de la métropole. Elles ont un
conseil municipal, un maire et un ou plusieurs adjoints.

a) *Ordonnance de 1847.* — L'organisation municipale de
l'Algérie ne date sérieusement que de l'ordonnance du 28 septembre 1847 (1). A partir de cette époque les indigènes ont
toujours été admis dans les conseils municipaux.

Dans les communes où la population indigène est du 1/10 au
moins de la population totale, les indigènes pourront être nommés
membres du conseil municipal, sans qu'ils puissent en aucun cas
excéder le quart du nombre total des membres du conseil,
art. 13.

Sous l'empire de cette ordonnance les conseillers municipaux
tant européens qu'indigènes sont nommés par le Gouverneur
général pour une durée de 3 ans et peuvent être renommés,
art. 13, § 2 et 3.

---

(1) Mén., 1, 207.

L'ordonnance ne s'explique ni sur les conditions imposées à leur nomination ni sur leurs droits.

b) *Arrêté de 1848.* — Avec l'arrêté du 16 août 1848 (1) apparaît le système électif. Les conseillers sont tous élus, art. 3. Ils sont nommés pour 3 ans, renouvelés par tiers chaque année et toujours rééligibles, art. 3. Pour être électeur, l'indigène doit avoir 21 ans, être autorisé à jouir des droits civils en Algérie, ou être propriétaire ou concessionnaire dans la commune, ou payer soit un loyer annuel de plus de 600 francs depuis 6 mois au moins, soit une patente de licence de 3ᵉ classe au minimum, art. 8 et 15. Il suffit d'avoir 25 ans pour être éligible, art. 8 et 7. D'après l'art. 16 les indigènes ne peuvent être ni maire, ni adjoint, ni leur suppléant en cas d'empêchement.

L'ordonnance de 1847 reste en vigueur pour les autres matières que l'arrêté n'a pas spécialement régies.

c) *Décret de 1854.* — Le système électif ne fut pas appliqué longtemps. L'arrêté de 1848 fut abrogé par le décret du 8 juillet 1854 (2) et les dispositions de l'ordonnance de 1847 furent remises en vigueur; art. 5 : Sont applicables au corps municipal desdites communes celles des dispositions du titre 1ᵉʳ de l'ordonnance susvisée du 28 septembre 1847 auxquelles il n'est point dérogé par le présent décret. L'arrêté du chef du pouvoir exécutif du 16 août 1848 sur les municipalités de l'Algérie est abrogé.

d) *Décret de 1866.* — Les conseillers sont de nouveau soumis à l'élection. L'indigène âgé de 25 ans, qui a un an de domicile dans la commune est électeur, art. 10 du décret du 27 décembre 1866 (3), à la condition qu'il soit propriétaire foncier ou fermier d'une propriété rurale, ou qu'il exerce une profession, un commerce ou une industrie soumis à l'impôt des pa-

---

(1) Mén., 1, 215.
(2) Mén., 1, 217.
(3) Mén., 3, 73.

tentes, ou qu'il soit employé de l'Etat, du département ou de la commune, ou membre de la Légion d'honneur, décoré de la médaille militaire, d'une médaille d'honneur ou d'une médaille commémorative donnée ou autorisée par le gouvernement français, ou titulaire d'une pension de retraite, art. 10, § 2.

Sont éligibles, dit l'art. 12, tous les indigènes âgés de 25 ans et domiciliés dans la commune depuis 3 ans au moins inscrits sur la liste communale. Les conseillers sont élus pour 7 ans, art. 14.

Les dispositions de la loi du 5 mai 1855 sur l'organisation municipale en France étant déclarées applicables à l'Algérie, art. 15, les musulmans avaient le d... 'e prendre part au vote dans les mêmes conditions que les a... membres élus.

Un décret du 1er août 1874 (1) est venu rendre exécutoire en Algérie la loi du 7 juillet 1874, art. 1er. L'article 2 ajoute : en outre des conditions déterminées par la loi du 7 juillet 1874, l'inscription prise depuis un an au rôle de la taxe municipale sur les loyers donne droit en Algérie à l'inscription sur la liste des électeurs municipaux. Une résidence consécutive de 2 ans dans la commune et non plus d'un an, comme sous le décret de 1866, est exigée par le décret du 10 septembre 1874 (2) des indigènes musulmans pour être admis à l'électorat.

e) *Décret du 7 avril 1884.* — Nous arrivons au décret du 7 avril 1884 (3), le dernier texte en vigueur.

La loi du 5 avril 1884 dont il est le complément a été déclarée applicable à l'Algérie. Elle porte en effet dans son article 164 : la présente loi est applicable aux communes de plein exercice de l'Algérie sous réserve des dispositions concernant la constitution de la propriété communale, les formes et conditions des acquisitions, échanges, aliénations et partages et

---

(1) Hugues et Lapra, 221.
(2) Hugues et Lapra, 223.
(3) *Revue alg.*, 1885, 3, 5.

sous réserve des dispositions concernant la représentation des indigènes musulmans. Nous n'avons à nous occuper ici que du décret.

L'indigène est électeur aux conditions suivantes : il faut qu'il soit âgé de 25 ans, qu'il ait une résidence de 2 années consécutives dans la commune, ou qu'il soit propriétaire foncier ou fermier d'une propriété rurale, ou employé de l'Etat, du département ou de la commune, ou membre de la Légion d'honneur, décoré de la médaille militaire, d'une médaille d'honneur ou d'une médaille commémorative donnée ou autorisée par le gouvernement français, ou titulaire d'une pension de retraite.

C'est la reproduction presque entière des conditions du décret de 1866 ; on ne voit pas en effet mentionnée la condition de l'exercice d'une profession, d'un commerce ou d'une industrie soumis à l'impôt des patentes (art. 10 du décret de 1866). Les patentés musulmans ne sont donc plus électeurs.

Le législateur par cette omission involontaire sans doute, mais regrettable, prive ainsi du droit de voter une catégorie nombreuse d'indigènes et qui n'était pas la moins méritante.

A ces conditions il faut ajouter que l'indigène n'est inscrit sur la liste des électeurs qu'après en avoir fait la demande et déclaré le lieu et la date de la naissance. Cette formalité est très gênante pour lui ; il ne montre en général pas beaucoup d'empressement à réclamer son inscription ; il ignore aussi le plus souvent la date de sa naissance.

Les musulmans peuvent choisir leurs représentants non seulement parmi leurs coreligionnaires, mais encore parmi les citoyens français ou naturalisés. Mais tandis que ceux-ci sont éligibles aux conditions prescrites par l'art. 31 de la loi municipale, les indigènes doivent avoir 25 ans et être domiciliés dans la commune depuis 3 ans au moins et inscrits sur la liste des électeurs municipaux, art. 3. Ces conditions sont celles du décret de 1866.

Les citoyens français peuvent donc être élus au titre musulman membres du conseil municipal. Ce point était douteux sous l'empire du décret de 1866. Un arrêt du Conseil d'État du 23 juillet 1868 (1) avait décidé que les termes du décret n'empêchaient pas les électeurs de chaque catégorie de choisir pour les représenter toute personne remplissant les conditions d'éligibilité prescrites par l'article 12.

Le nombre des conseillers élus par les musulmans est fixé par l'article 1er du décret ; les indigènes sont représentés dès que la population atteint dans la commune le chiffre de 100 individus. Ils ont alors 2 conseillers pour 100 à 1,000 habitants. Au-dessus de ce chiffre il y aura un conseiller de plus par chaque excédent de 1,000 habitants, sans que le nombre puisse jamais dépasser le quart de l'effectif total du Conseil, ni dépasser le nombre de 6.

Les Conseillers musulmans siègent au Conseil municipal au même titre que les conseillers élus par les citoyens français ; art. 4 du décret. Leurs droits sont cependant limités par deux restrictions : 1° ils ne peuvent pas prendre part à la désignation des délégués pour les élections sénatoriales, sauf quand ils sont citoyens français ; 2° ils ne participent pas à la nomination du maire et des adjoints.

Ce droit leur a été retiré expressément pour la première fois par le décret. La loi du 12 août 1876 le leur avait bien enlevé presque complètement en réservant au Président de la République la nomination du maire et des adjoints dans les communes chefs-lieux du département, d'arrondissement et de canton ; il ne restait pas beaucoup de communes où ils pouvaient encore

---

(1) Considérant, dit cet arrêt, que si d'après les articles 9, 11, 13 de notre décret du 27 décembre 1866 sur l'organisation municipale de l'Algérie, les électeurs communaux sont divisés en 4 catégories appelées à nommer séparément un nombre déterminé de membres du conseil municipal, ces dispositions ne font pas obstacle à ce que les électeurs de chaque catégorie puissent choisir pour les représenter toute personne remplissant les conditions d'éligibilité prescrites par l'article 12 du même décret. (Estoublon, 1868, 43.)

l'exercer, le régime communal étant peu étendu à cette époque ; mais la loi du 28 mars 1882 applicable à l'Algérie, comme la précédente du reste, a rendu aux conseillers municipaux la faculté d'élire le maire et les adjoints dans toutes les communes.

. Les musulmans ont accueilli fort mal la nouvelle disposition du décret, et ont fait entendre les plus violentes protestations. Ceux du conseil d'Alger rédigèrent, à la date du 18 mai 1884, leurs plaintes dans ces termes : Le décret du 7 avril dernier a retiré aux Musulmans des communes de plein exercice le droit dont nous jouissions depuis fort longtemps de concourir à la nomination des maires et des adjoints. Au moment où vous allez procéder à ce choix nous tenons à protester, tant en notre nom qu'au nom de nos électeurs, contre une mesure incompréhensible, illégale même, en ce sens qu'elle est contraire à l'esprit et à la lettre de l'article 164 de la loi du 5 avril dernier, qui nous retire un droit que nous avions et dont nous n'avons jamais mésusé. Nous devons exprimer ici toute la douleur que nous ressentons à la suite de cette privation. Entièrement soumis à la France, les musulmans d'Alger en particulier, lui ont donné en maintes circonstances des marques de leur dévouement. Bien que n'ayant pas de représentant au Parlement, nous espérons que nos voix y parviendront et que des cœurs sympathiques et généreux comme les vôtres soutiendront notre cause et la feront triompher (1).

On a dit pour justifier cette disposition que les maires ne sont pas seulement les représentants les plus élevés des intérêts communaux, mais qu'ils sont encore les agents du pouvoir central à l'égard des musulmans ; ils détiennent une partie de la force publique ; ils revêtent dès lors un caractère politique. C'est ainsi qu'ils sont chargés de la police politique des indigènes, de l'instruction publique et du culte des musulmans, de

____

(1) Rouard de Card., *Etudes de droit international*, p. 211.

la surveillance des sociétés religieuses de Khouans, des secours politiques aux indigents arabes, de la surveillance des armuriers indigènes et des autorisations d'achats d'armes, de munitions de guerre par des indigènes (1). On comprend alors pourquoi on ne fait pas concourir à leur élection une catégorie de personnes qui n'ont pas l'exercice des droits politiques et qui se trouvent même dans une certaine dépendance vis-à-vis d'eux. Il faut dire aussi que l'application à l'Algérie des lois de 1876 et de 1882 n'a pas été votée sans difficultés. Des objections graves furent soulevées déjà à cette époque.

Nous pensons néanmoins, à cette heure où les esprits semblent mieux disposés en faveur des musulmans, en France tout au moins, que ce droit pourrait leur être rendu sans grand danger.

§ 2. *Communes mixtes.* — La commune mixte est une vaste circonscription territoriale comprenant un ou plusieurs centres de population européenne autour desquels sont groupés des douars et des tribus pour former une unité communale (2). Ces communes, créées sous le gouvernement du général Chanzy, proviennent de la réunion de la commune mixte et de la commune indigène qui existaient alors dans les deux territoires. Depuis cette création il ne reste plus dans le territoire civil que la commune de plein exercice et la commune mixte (3). Un fonctionnaire nommé par le Gouverneur et pourvu d'un traitement, l'administrateur, est placé à la tête de la commune. Il remplit entre autres fonctions celles de maire et préside en cette qualité la commission municipale, investie des attributions conférées aux conseils municipaux de l'Algérie par l'ordonnance de 1847 (art. 11 de l'arrêté du 20 mai 1868) (4).

---

(1) V. Tilloy. *Répertoire alphabétique* au mot *Communes*, p. 945, n° 113.
(2) Charpentier, à son Cours de législation algérienne professé à l'École de Droit d'Alger, année 1890.
(3) Tilloy, au mot *Communes*, p. 899, n° 44.
(4) Mén., 3, 94.

La commission municipale se compose de l'administrateur président, — en cas d'empêchement ou d'absence il est remplacé par l'administrateur adjoint, — d'un adjoint français faisant fonction d'officier de l'état civil, de membres français ou d'adjoints français représentant les centres européens ; et d'adjoints indigènes correspondant au nombre des douars.

Jusqu'en 1884, les membres français étaient nommés par le préfet (art. 7 de l'arrêté du 20 mai 1868 modifié par l'article 3 de l'arrêté du 24 novembre 1871). Aujourd'hui, en vertu de l'art. 7 du décret de 1884 ils sont élus par les citoyens français inscrits sur les listes électorales. Ils sont nommés pour 4 ans et renouvelés le premier dimanche de mai (décret du 12 avril 1887, art. 1 et 2) (1). Les membres élus le sont à raison de 1 par 100 habitants ou fraction de 100 dans chaque centre pris isolément sans que d'ailleurs la représentation puisse être inférieure à 2 membres, quel que soit le chiffre de la population du centre (2).

Une partie de la commission municipale se trouve donc élue et une autre choisie par le préfet. Ainsi, tandis que les indigènes des communes de plein exercice peuvent élire leurs représentants, ceux qui habitent les communes mixtes n'ont pas ce droit, tous deux habitant cependant le même territoire civil. Ces différences ne s'expliquent guère ; elles devraient disparaître.

SECTION III

Les indigènes dans les commissions municipales des communes du territoire militaire.

L'organisation municipale du territoire militaire a été réglementée pour la première fois par l'arrêté du 20 mai 1868 (3) pris en exécution de l'art. 16 du décret du 27 décembre 1866.

---

(1) *Revue alg.*, 1887, 3, 129
(2) Tilloy, au mot *Communes*, p. 951, n° 141.
(3) Mén., 3, 94.

Chaque subdivision comprend des communes mixtes et des communes subdivisionnaires, art. 1er. Une commission municipale remplit le rôle des conseils municipaux dans les deux communes. Celle de la commune mixte est composée, art. 6 : du commandant du cercle ou du chef d'annexe, du commandant de place, du juge de paix, des adjoints du chef-lieu et des sections de la commune ; de cinq membres choisis parmi les habitants de la circonscription communale et remplissant les conditions imposées par le décret du 27 décembre 1866 pour faire partie des conseils municipaux. L'article 7 ajoute : les adjoints du chef-lieu et des sections de la commune et les membres des commissions municipales autres que le commandant du cercle, le commandant de place et le juge de paix sont nommés pour 3 ans par le général commandant la province et sont susceptibles d'être renommés.

L'arrêté du 24 novembre 1871 (1) a apporté quelques modifications à ces règles ; conformément à l'art. 3, les membres des commissions municipales sont choisis parmi les habitants français (européens ou indigènes de la circonscription communale) ; ils sont nommés pour 3 ans par le préfet et peuvent toujours être renommés (art. 6 et 7 de l'arrêté de 1868, modifiés).

Les communes subdivisionnaires ayant une étendue trop vaste pour recevoir une organisation municipale ont été supprimées par l'arrêté du 13 novembre 1874 (2) et réduites sous le nom de communes indigènes au périmètre des anciennes circonscriptions territoriales et administratives des cercles et des annexes. Elles sont administrées par le commandant supérieur du cercle ou par le chef de l'annexe assistés l'un et l'autre d'une commission municipale, art. 4. Celle-ci se compose en dehors du président, du sous-intendant militaire, des commandants du génie, du chef du bureau arabe, de notables indigènes ou présidents de djem-

----

(1) Mén., 3, 167.
(2) Hugues et Lapra, 167.

maas, en nombre égal à celui des douars, sans que ce nombre puisse être inférieur à 4 (1) (art. 16 de l'arrêté du 20 mai 1868). Les conseillers indigènes sont nommés pour 3 ans par le Gouverneur général et peuvent être renommés, art. 17.

Il nous reste à examiner une question intéressante, celle de savoir s'il ne conviendrait pas, comme on l'a proposé, de donner aux indigènes des droits plus étendus en matière politique, celui notamment de participer à l'élection des membres du Parlement.

Nous avons vu qu'ils peuvent faire partie des assemblées départementales et communales. Là s'arrêtent leurs droits.

Tout le monde est à peu près d'accord pour reconnaître qu'on pourrait, sans grand inconvénient, leur accorder de nouvelles faveurs en rendant les conseillers généraux indigènes électifs et en leur donnant, ainsi qu'à leur coreligionnaires des conseils municipaux, les mêmes droits qu'aux membres français. L'élément musulman des commissions municipales dans les communes mixtes pourrait également être élu. Ces concessions sont de nature à intéresser davantage les indigènes à notre vie publique, et à les attacher à nous d'une façon plus étroite.

Ils ont souvent demandé cette assimilation et leurs réclamations ne sont pas sans fondement. Mais nous n'irons pas plus loin et nous refuserons de leur accorder le droit plus important qu'on a voulu leur conférer, de nommer les députés et les sénateurs (2). Et cependant de bonnes raisons ont été invoquées en leur faveur : il est d'abord étrange, a-t-on dit, de voir 250.000 Français représentés par 6 députés et 3 sénateurs, alors que 3 millions de musulmans n'ont aucune représentation et ne peu-

---

(1) Tilloy au mot *Communes*, p. 1012, n° 259.

(2) Nous ne faisons que mentionner les projets assez nombreux qui veulent leur donner d'emblée la qualité de citoyens français. Nous renvoyons à la lecture de la protestation rédigée par les habitants musulmans de Tlemcen et adressée au Président de la République le 7 avril 1891. La lecture de ce document donnera une idée du succès réservé, à l'heure qu'il est au moins, à toute assimilation de ce genre. (Rapport sur le budget de l'Algérie, exercice 1892, par M. Burdeau, *Revue alg.*, 1892, 3, 7)

vent se faire entendre. N'ont-ils pas plus de droits au vote que les nombreux étrangers, français de la veille, que le hasard a fait naître sur le sol français, qui n'y ont aucune attache sérieuse et qui n'en connaissent ni les besoins, ni les aspirations ? Ne méritent-ils pas cette faveur, ceux surtout qui ont servi la France et qui ont combattu glorieusement sur les champs de bataille, à côté de leurs frères d'armes de la métropole ? C'est une injustice que de les tenir plus longtemps à l'écart de notre vie politique ; il est temps de la réparer et de dissiper en même temps la mauvaise impression qu'a laissée dans leur esprit la naturalisation des israélites.

Voilà, en résumé, les arguments en faveur de ce thème. Quoique partisans de l'assimilation, nous ne pensons pas que ce soit par des réformes politiques qu'il faille l'entreprendre. D'abord les indigènes ne les ont jamais demandées ; notre vie politique les laisse indifférents ; ensuite leur accorder une faveur qu'ils n'ont pas sollicitée nous paraît un faible titre à leur gratitude. Sans doute la situation de ceux qui sont décorés ou titulaires d'une pension de retraite mérite de la considération ; mais pourquoi n'ont-ils pas poussé plus loin leur attachement et leur dévouement à la France et ne se sont-ils pas fait naturaliser ?

S'intéresse-t-on moins à leur sort, parce qu'ils n'ont pas au Parlement des représentants élus par eux ? Personne n'oserait le soutenir en présence de l'enquête sur l'Algérie menée par la commission sénatoriale. Mais à quoi leur servirait-il d'avoir des mandataires au Parlement, puisque leurs intérêts sont réglés par des décrets à l'élaboration desquels les députés et sénateurs de l'Algérie sont étrangers ? Jusqu'à cette heure, l'Algérie a toujours vécu sous le régime des décrets. Cette manière de légiférer s'étend même aux affaires européennes. Les lois spéciales à la colonie sont relativement peu nombreuses. Il faudrait donc laisser aux élus des Arabes l'initiative de toutes les mesures qui intéressent leurs nouveaux électeurs, et en conséquence modifier le régime des décrets.

Ici encore, nous ne voyons pas la nécessité de procéder à une réforme. Nous pensons au contraire que le régime des décrets doit durer, tant que les institutions en Algérie n'auront pas pris un certain caractère de fixité. Ce moment n'est pas encore arrivé. Dans un pays où tout se transforme incessamment, il faut, pour suivre ces mouvements, un instrument législatif plus souple que la loi.

Le régime des décrets a ses inconvénients, nous le reconnaissons ; la discussion qui précède la loi et qui sert de guide à l'interprète manque dans le décret ; on est tenté aussi d'en abuser et de laisser s'accumuler sur un même sujet une série de dispositions au milieu desquelles il est difficile de se reconnaître, qui s'abrogent ou ne s'abrogent pas, se contredisent ou se compliquent d'autres textes. Ainsi, pour en donner une idée, la justice musulmane est régie aujourd'hui par le décret du 17 avril 1889, complété par celui du 25 mai 1892 ; en lisant l'article 77 qui abroge une foule de décisions antérieures, on pourrait croire que le décret s'applique à tous les indigènes, quelle que soit la contrée qu'ils habitent. Grave erreur. La justice en Kabylie, comme nous aurons occasion de le voir, reste régie par le décret du 29 août 1874, sur lequel viennent se greffer une demi douzaine d'autres dispositions. Dans le territoire militaire elle reste également régie par le décret du 8 janvier 1870, qui lui-même se réfère à plusieurs articles du 13 décembre 1866. Ce dernier texte revit donc en partie, quoique abrogé. Les Mozabites résidant dans le territoire civil, nous le saurons, ont une justice à eux qui est réglée par le décret du 29 décembre 1890 et l'arrêté du gouverneur du 26 février 1891. Et il en est ainsi dans toutes les matières. Il serait facile de remédier à ces encombrements de textes en condensant dans un décret ou une loi unique toutes les dispositions qui se rapportent à un même sujet.

TITRE II

Condition des indigènes Kabyles

Depuis la conquête de la Kabylie en 1857 jusqu'en 1871, les tribus kabyles, en vertu d'engagements pris avec le maréchal Randon, vécurent dans une indépendance à peu près complète vis-à-vis du gouvernement français ; elles gardèrent leur organisation primitive qui ne fut modifiée que sur quelques points de détail relatifs à l'administration intérieure de la commune. Aussi la plupart des textes législatifs de cette époque, quand ils parlent des indigènes musulmans, peuvent être interprétés comme s'appliquant exclusivement aux Arabes, sauf quelques exceptions.

La situation changea à la suite de l'insurrection de 1871, à laquelle avait pris part la grande partie de la population kabyle. Le gouvernement fut délié de ses engagements et songea à établir son autorité et ses institutions dans ce pays. Mais déjà auparavant le Sénatus-consulte de 1865, qui avait déterminé la situation de l'indigène arabe, semble s'appliquer dans toutes ses dispositions aux kabyles. Dans le rapport du conseiller d'Etat Flandin, on lit ceci : Ce serait d'ailleurs une erreur de croire que la loi de Mahomet règne d'une manière également absolue sur la population musulmane ; les kabyles qui descendent de familles chrétiennes réfugiées diffèrent des autres arabes sous le triple rapport des mœurs, des lois et du culte même. Ce million d'hommes qui ne pratique pas la polygamie, dont les familles sont constituées à l'instar des nôtres, qui s'est montré sensible aux avantages de la civilisation, voudra profiter du nouveau bienfait que lui apportera le Sénatus-consulte.

Le vice-amiral de Gueydon fit, en Kabylie, le premier essai d'organisation municipale qui devint, sous son successeur, le général Chanzy, la commune mixte du territoire civil. Les communes de plein exercice qui y furent créées empruntèrent la législation du décret du 27 décembre 1866 jusqu'en 1884 où elles furent soumises au décret du 7 avril.

L'organisation judiciaire diffère sur beaucoup de points de celle du pays arabe. La justice était rendue en Kabylie par la djemaa, sorte d'assemblée de notables qui avait tous les pouvoirs, notamment celui de juger. Les lois qu'"e appliquait étaient les coutumes et quelquefois, mais rarement, les préceptes du Koran. Nos décrets sur la justice musulmane, postérieurs à la conquête du pays, ceux par conséquent des 31 décembre 1859 et 13 décembre 1866, ont un art. 59 ainsi conçu : Le présent décret ne s'applique point à la Kabylie et à la région en dehors du Tell qui demeurent régis l'une par ses coutumes actuelles, l'autre par la juridiction des cadis, telle qu'elle existait avant le décret du 1ᵉʳ octobre 1854.

Le décret du 29 août 1874 (1), qui est encore applicable aujourd'hui en Kabylie, organise la justice musulmane. A la différence de ce qui se passe en pays arabe, les Kabyles n'ont d'autres juges que les juges français quelles que soient leurs contestations. Les cadis qui n'ont jamais existé en tant que juges ont simplement conservé leurs fonctions notariales.

La justice est rendue par les deux tribunaux de Tizi-Ouzou et de Bougie et les justices de paix de leurs ressorts, qui statuent entre toutes personnes indigènes ou européennes, et jugent les conventions civiles et commerciales et les questions religieuses et d'état entre indigènes arabes ou kabyles. L'option de juridiction n'existe donc pas dans ce pays; l'option de législation est seule possible. Nous renvoyons au texte des art. 1 à 8 du décret.

____

(1) Hugues et Lapra, p. 295.

Ce décret a été modifié d'abord par celui du 13 décembre 1879 qui a remplacé les art. 4, 8, 11 et 15, ramené la compétence des juges de paix dans les causes entre européens à la compétence ordinaire des autres juges de paix de l'Algérie, et diminué le taux du premier et du dernier ressort dans les affaires indigènes ; puis par celui du 8 avril 1882 qui a changé l'art. 11 : les jugements et arrêts rendus en matière musulmane entre indigènes sont toujours exécutés par les cadis notaires.

Les djemaas de justice et les mahakmas de cadis conservées provisoirement après le décret de 1874 disparaissent successivement par la création des justices de paix de Bouïra (décret du 25 mars 1879), de Fort National, d'Azeffoun, de Haut Sebaou et de Michelet (décret du 21 septembre 1880), toutes régies par le décret de 1874.

Les justices de paix d'Aïn-Bessem et de Mansourah créées par le décret du 7 janvier 1883 sont soumises à deux sortes de compétence : celle du décret de 1874 pour certaines tribus et celle du décret du 19 août 1854 pour d'autres.

La justice de paix de Palestro créée par le décret du 5 juin 1885 a aussi une compétence mixte ; mais plus tard, le décret du 19 juillet 1886 (1) lui donne une autre compétence en matière musulmane ou kabyle. Il semble que le législateur ait accumulé à plaisir les exceptions au droit commun dans cette partie de l'Algérie.

Le dernier décret de 1889 est venu heureusement mettre fin à ces complications en rendant à ces quatre justices de paix la compétence ordinaire des autres justices de paix en pays arabe, art. 26 et suivants qu'il faut combiner avec l'art. 7 § 2.

----

(1) *Revue alg.*, 1886, 3, 163.

TITRE III

Condition des indigènes Mozabites

La condition des indigènes mozabites diffère suivant qu'ils habitent le M'zab, ou qu'ils sont établis dans les autres contrées de l'Algérie.

SECTION PREMIÈRE

Mozabites habitant le M'zab. — Après l'annexion du M'zab, le 3 novembre 1882, un arrêté du Gouverneur général pris le 28 de la même année créa le cercle du Gardhaïa, à l'instar des autres cercles militaires. Il comprend les sept villes du M'zab, est administré par un commandant supérieur et forme une commune indigène distincte, dont le chef-lieu est Ghardaïa. On a maintenu à la tête de la tribu un chef élu de la population, le raïs el djemma.

Le M'zab devenait ainsi territoire de commandement, et les indigènes qui l'habitaient se trouvaient être justiciables au point de vue pénal de la juridiction militaire.

Pour le jugement des affaires civiles, l'arrêté du 1er janvier 1883 conserva en partie les anciennes institutions du pays. Chaque tribu formait une petite république qui s'administrait par sa djemma. Celle-ci avait le pouvoir de faire la loi qui n'était en somme qu'un ensemble de coutumes. Son pouvoir était limité par celui des corporations de clercs appelés tolba ou lettrés, qui représentaient l'élément religieux au M'zab. Dans certaines villes, le clergé avait l'autorité ; dans d'autres, il existait un conflit entre lui et la djemma laïque. Le clergé se composait du chef de la mosquée, président de la confédération des sept villes et d'une réunion de douze clercs. La législation pénale avait quelque ressemblance avec celle de la Kabylie. Les peines étaient l'amende, le bannissement de la ville. Dans certains cas, la djemma prononçait l'expulsion de la confédération tout entière. « Le coupable était condamné à voir la mer » c'est-à-dire était banni. La peine de mort était rarement prononcée.

La corporation des clercs punissait les infractions purement religieuses. Quand il s'agissait de contestations civiles, le cheik de la Mosquée jugeait et ses sentences étaient exécutées par l'oussif de la djemma. Le recours de ses décisions était porté devant le midjlès de Ghardaïa composé de clercs pris dans la corporation.

Un arrêté du 1er janvier 1883 institua dans chaque ville une mahakma ibadite composée d'un président, chef de la Mosquée, et de deux assesseurs ; elle juge les mêmes affaires entre Mozabites que les cadis dans le territoire militaire

L'arrêté du 1er mars 1883 (1) a provisoirement investi jusqu'à la création de justices de paix, dans toute l'étendue du cercle, le commandant supérieur du cercle de Gardhaïa de toutes les attributions conférées aux juges de paix. Cette compétence est fixée par l'art. 6 du décret du 10 août 1875 (2) ainsi conçu : la compétence de ce fonctionnaire en premier et en dernier ressort reste déterminée par les articles 12 de l'ordonnance du 26 septembre 1842 et 2 du décret du 14 mai 1850 (3). Il connaît, en outre, en matière commerciale de toutes les affaires, savoir : 1° en dernier ressort, jusqu'à la valeur de cent francs ; 2° en premier ressort jusqu'à la valeur de 500 francs. Les appels de ces décisions en toute matière seront portées devant le tribunal de l'arrondissement (Blida). Un sous-officier remplira auprès du fonctionnaire juge de paix l'office de greffier.

---

(1) *Bulletin jud*, 1883, 310.
2. Hugues et Lapra. 275.
3) Mém., 1, 115.

SECTION II

Mozabites hors du M'Zab. — L'annexion du M'zab à la France a fait naître une controverse sur le point de savoir à quelle juridiction on allait soumettre les contestations qui pouvaient s'élever entre les Mozabites habitant hors du M'zab. Devaient-ils au point de vue de la compétence judiciaire être assimilés aux indigènes musulmans ou aux étrangers européens ?

Dans le premier cas ils étaient soumis à la juridiction du cadi, dans le second à celle du juge français. La question n'intéressait les Mozabites que pour leurs relations entre eux ; jamais ils n'ont entendu se soustraire aux jugements des cadis, quand ils étaient en procès avec un Arabe.

La Cour d'Alger s'est prononcée dans les deux sens. Alors que la chambre des appels musulmans décidait dans un arrêt du 7 mai 1884 (1) qu'on devait les considérer comme des étrangers européens, et déférer leurs procès aux tribunaux français, la première chambre civile, arrêt du 28 juillet 1884 (2), et après elle la chambre des appels musulmans, se déjugeant dans un arrêt du 9 février 1885 (3) les assimilaient aux musulmans indigènes.

Les Mozabites se sont toujours élevés contre l'ingérence dans leurs affaires des cadis et ont demandé à être soustraits à leur juridiction. Ils réclamaient la création de tribunaux ibadites

---

(1) *Bulletin jud.*, 1884, 145.

(2) *Bulletin jud.*, 1884, 225.

(3) *Revue alg.*, 1885, 107 et la note. V. aussi arrêt du 9 mai 1887, Cour d'Alger. (*Revue alg.*, 1887, 401.) Tribunal de Blida, 17 mars 1887. (*Revue alg.*, 1887, 2, 912.)

Dans le sens de la compétence des tribunaux français : Tribunal de Blida, 6 mai 1885. (*Revue alg.*, 1887, 405.) V. aussi le rapport présenté au conseil de gouvernement par M. le conseiller Rinn dans la séance du 9 septembre 1887 : des juridictions compétentes en matière de litiges intéressant les Mozabites restant hors du M'zab. (*Revue alg.*, 1887, 235.)

comme ils fonctionnaient dans leur pays. Leurs revendications étaient fondées sur des raisons religieuses et sur des précédents historiques.

Nous avons vu dans l'introduction de notre étude que tout en professant la religion musulmane, ils ne la suivaient pas comme les indigènes du Tell ou du Sahara ; leur rite est différent ; ils se considèrent comme orthodoxes, alors que les Arabes les traitent d'hérétiques. La justice chez eux est rendue par des prêtres qui n'ont rien de commun avec les cadis, et dont ils méconnaissent l'autorité en cette matière. On pourrait les comparer à des musulmans réformés, ou plutôt à des puritains, car ils mènent une vie plus austère que les Arabes. C'est pour ces raisons que déjà du temps des Turcs, ceux qui étaient répandus dans les villes de l'Algérie avaient obtenu de s'organiser en corporations indépendantes ayant pour président, un amin, qui rendait la justice. Les cadis n'intervenaient sous aucun prétexte dans leurs querelles.

Nous avons maintenu leur indépendance à ces corporations après 1830, et même après le traité du M'zab de 1853.

Le Gouverneur général, par les instructions du 28 novembre 1866, les laissa s'administrer eux-mêmes pour le règlement des successions de leurs coreligionnaires décédés hors du M'zab. La proclamation du 1er novembre 1882, lors de l'annexion définitive du pays, contient les promesses suivantes : Nous ne vous imposerons ni aghas, ni caïds, ni cadis arabes ; vous conserverez dans la mesure utile vos djemmas principales pour vous administrer, et vos chiouks ibadites pour vous rendre la justice ; le cheik de la mosquée ne sera sous aucun prétexte dénommé cadi ; il conservera en arabe son titre de cheik tamesquida ; il sera dit en français : Président de la mahakma ibadite.

Ces motifs, dont il est difficile de méconnaître la portée, ont entraîné la Cour d'Alger dans sa première jurisprudence.

Mais l'arrêt du 9 février 1885 y répond que la loi indigène régit toutes les conventions et contestations civiles et commer-

ciales ; qu'ils ont la faculté de demander au juge français l'application de leur loi particulière s'ils portent d'un commun accord
leur action devant lui, etc...

Le législateur ne s'est pas rangé à cette manière de juger, et a
décidé que les contestations relatives au statut personnel et aux
droits successoraux des Mozabites hors du M'zab, sont portées
devant le juge de paix (art. 7 du décret du 17 avril 1889,
§ 2).

Les Mozabites n'étaient pas encore satisfaits. Le décret du
29 décembre 1890 (1) est venu enfin créer des tribunaux ibadites en Algérie, et le décret du 26 février 1891 (2) en a augmenté le nombre en instituant des mahakmas iba iites annexes.
Elles sont aujourd'hui au nombre de 8. Le traitement du
personnel de chaque mahakma est à la charge des Mozabites,
mais la nomination a lieu par arrêté du garde des sceaux (art.
2 du décret de 1890).

---

(1) *Revue alg.*, 1891, 3, 9.
(2) *Revue alg.*, 1891, 3, 62.

TITRE IV

Condition des indigènes israélites

L'étude de la condition des indigènes israélites se confond avec celle des français d'origine à partir de 1870, époque à laquelle le décret du 24 octobre leur a accordé la naturalisation collective. Il y a donc deux périodes à distinguer, celle qui précède et celle qui suit ce décret.

Quoique l'étude de la première période n'offre plus aujourd'hui qu'un intérêt historique, il est utile néanmoins de l'entreprendre, ne serait-ce que pour montrer la place importante que cette partie relativement infime de la population algérienne a occupée en législation.

SECTION PREMIÈRE

Période avant 1870. — La Capitulation de 1830 ne fait pas spécialement mention des israélites; on s'est demandé s'ils étaient compris dans la dénomination générale de *habitants de toutes classes* employée par ce texte. La jurisprudence a toujours décidé qu'elle s'appliquait aux indigènes israélites aussi bien qu'aux indigènes musulmans (1). Du moment que la Capitulation statue pour les israélites comme pour les musulmans, les mêmes droits et les mêmes prérogatives doivent être reconnus aux uns et aux autres; les israélites sont donc devenus sujets français par la conquête; mais malgré cette nouvelle nationalité

---

(1) V. Cour d'Alger, 29 janvier 1857 (Estoublon, 1857, 6). Cour d'Alger, 16 novembre 1858 (Estoublon, 1858, 50). Cour d'Alger, 23 novembre 1861 (Estoublon, 1861, 63).

ils sont restés régis en principe par leurs anciennes lois et coutumes, aux termes de cette même Capitulation (1). S'inspirant de cet acte, le législateur, après 1830, par faveur leur a conservé leurs tribunaux et leur loi mosaïque. Le domaine de la loi mosaïque a subi les mêmes restrictions que la loi musulmane ; les progrès des israélites vers l'assimilation ont même été beaucoup plus rapides, si bien qu'en 1870 leur statut personnel seul était resté soumis à la loi mosaïque.

L'oppression dans laquelle les musulmans avaient tenu les israélites cessa le jour de la conquête. A dater de cette époque les indigènes israélites purent se développer à leur aise sous la sauvegarde de nos institutions libérales, pour se préparer au grand acte d'émancipation qui les élèvera au rang de citoyens. Il serait injuste de méconnaître les progrès qu'ils ont faits dans la voie de l'assimilation, et si le moment de leur naturalisation était mal choisi, du moins avaient-ils des titres sérieux à faire valoir pour revendiquer les mêmes droits que leurs coreligionnaires de France, car dès avant 1850 leurs tribunaux rabbiniques avaient disparu, et il ne leur restait plus de leur loi mosaïque que le statut personnel. En quoi leur situation était-elle donc différente de celle des israélites de la métropole, qui avaient également reçu droit de cité au commencement de ce siècle ? Comment les indigènes musulmans peuvent-ils leur en vouloir et crier à l'injustice, eux qui n'ont jamais réclamé pareille faveur ? L'empire du Koran n'a pas perdu beaucoup de terrain depuis 1830 ; leurs croyances et leurs habitudes sont aussi invétérées qu'au premier jour. Mais du moins les indigènes israélites avaient-ils sur les musulmans cet avantage d'adopter plus facilement les institutions françaises, et de rendre possible une faveur que l'on ne songera pas de sitôt à accorder à ces derniers.

------

(1) V. Arrêt Cass., 29 mai 1865 (Estoublon, 1865, 27). Cour d'Alger, 7 juin 1865 (Estoublon, 1865, 30). Cour d'Alger, 26 juillet 1869 (Estoublon, 1869, 26). Cour d'Alger, 2 juillet 1870 (Estoublon, 1870, 22).

Une grave question a longtemps divisé les tribunaux algériens. Les israélites pouvaient-ils renoncer à leur statut personnel comme les musulmans ? Avaient-ils comme eux le droit d'option de législation ? Apparemment on ne voit aucune raison pour leur refuser cette faveur. Pourquoi ferait-on une distinction entre les musulmans et les israélites, alors qu'on n'en trouve aucune dans les textes ?

La Cour d'Alger a longtemps décidé que le statut personnel des israélites était indélébile ; le tribunal d'Alger, soutenu par la Cour de Cassation, leur a reconnu au contraire le droit d'opter. Voyons les arguments invoqués de part et d'autre.

Dans l'opinion de la Cour d'Alger, l'ordre public ne permet pas qu'un individu se dépouille de son statut personnel ; l'étranger n'a certainement pas ce droit ; or, l'israélite se trouve dans la même situation que lui ; donc il ne peut pas y renoncer.

La législation algérienne est favorable à une pareille interprétation ; l'ordonnance du 26 septembre 1842 ne s'applique qu'aux contrats ordinaires, aux contrats de statut réel ; d'après l'art. 49, dont les termes excluent toute équivoque, les tribunaux français ne peuvent statuer sur une contestation entre israélites relativement à leur état civil, sans être munis au préalable d'un avis écrit du rabbin ; cette nécessité de l'intervention des rabbins suppose nécessairement la force obligatoire de la loi mosaïque. On ne comprendrait pas une pareille exigence, si dans les matières dont il s'agit, la loi française pouvait être appliquée.

Le Sénatus consulte de 1865 ne fait que confirmer la législation antérieure en décidant que les indigènes sont régis par leur statut personnel ; si on leur permettait d'y renoncer, on leur conférerait une partie des bénéfices et des droits résultant de la naturalisation, sans les soumettre aux charges et aux devoirs qui y sont attachés ; on exposerait ensuite à de sérieux périls les tiers qui viendraient à contracter avec eux ; enfin, l'art. 16 de la loi du 16 juin 1851 enlève aux israélites leur statut réel pour ne leur laisser que le statut personnel ; ils ne peuvent donc pas y renoncer ; il faudrait sans cela considérer cet article comme lettre morte. Tel est le fond de l'argumentation que l'on trouve développée dans les arrêts de la Cour d'Alger (1).

La Cour de cassation a toujours jugé au contraire que le droit d'option doit être donné aux israélites comme aux musulmans ; une différence de traitement sous ce rapport est contraire non seulement à la lettre, mais encore à l'esprit des textes qui régissent cette matière.

Il faut remonter aux premières ordonnances qui ont suivi la conquête pour parcourir les différentes phases de la législation algérienne appliquée aux israélites et marquer les analogies qu'elle présente avec le régime des musulmans. La Capitulation, en disposant que leur religion, (celle des habitants de toutes classes parmi lesquels, nous l'avons vu, sont compris les israélites) restera libre, a, par cela même, maintenu leur loi mosaïque, car leurs lois civiles sont confondues avec les lois religieuses dans la Bible.

Leurs tribunaux furent réorganisés et rendirent pendant un certain temps une justice complètement indépendante de la justice française. En effet, dès 1830, l'arrêt du 22 octobre (2), portant institution d'une Cour de justice, créa un tribunal composé de 3 rabbins devant juger toutes les causes entre israélites, tant au civil qu'au criminel.

L'arrêté du 21 juin 1831 (3) institua même auprès du chef de la nation juive un conseil hébraïque pour juger les contesta-

(1) Alger, 15 novembre 1858 (Estoublon, 1858, 50). Alger, 19 janvier 1860 (Estoublon, 1860. 1). Alger, 7 juin 1865 (Estoublon, 1865, 30). Alger, 19 mars 1866 (Estoublon, 1866, 22). Alger, 26 juillet 1869 (Estoublon, 1870, 26). Alger, 1er juin 1869 (Estoublon, 1869, 11). Alger, 22 juin 1870 (Estoublon, 1870, 18).
(2) Mén. 1, 383
(3) Men., 1, 380).

tions entre israélites qui ne sont pas de la compétence des tribunaux rabbiniques.

L'article 4 de l'ordonnance du 10 août 1834 supprima la
juridiction rabbinique au criminel et l'ordonnance du 28 février
1841, art. 50, lui enleva toute compétence en matière civile.

L'article 32 du décret du 26 septembre 1842 vint confirmer
cette suppression, en décidant que les ministres du culte israélite n'auraient aucune juridiction sur leurs coreligionnaires qui
sont exclusivement justiciables des tribunaux français. Ceux-ci
appliquent la loi mosaïque dans les questions de statut personnel, puisque les rabbins désignés pour chaque localité par le
Gouverneur général sont appelés à donner leur avis écrit sur les
contestations relatives à l'état civil, aux mariages et aux répudiations, art. 49. C'est ce que décident aussi les ordonnances de
1834 et de 1842, dans leurs articles 31 et 37 : les indigènes
sont présumés avoir contracté entre eux, selon la loi du pays, à
moins qu'il n'y ait convention contraire, et les contestations
entre indigènes relatives à l'état civil sont jugées conformément
à la loi religieuse des parties.

Ici on voit apparaître le droit d'option pour les indigènes, entre
leur statut et le statut français. La loi ne distinguant pas, les indigènes israélites ont donc ce droit au même titre que les indigènes
musulmans. Il y a même une raison particulière pour leur accorder cette faveur, c'est que toutes leurs contestations sont déférées
depuis l'ordonnance de 1842, aux tribunaux français ; il est
donc rationnel de briser le dernier lien qui les rattache à leurs
coutumes et de leur faciliter l'option de législation, la seule du
reste qui leur soit encore possible.

Mais voici le sénatus consulte de 1865, aux termes duquel
l'indigène israélite est Français et continue à être régi par son
statut personnel, art. 2. La situation est donc la même que
celle de l'indigène musulman ; celui-ci sera régi, non par son
statut personnel, mais par la loi musulmane, art. 1er. Cette différence de rédaction a fourni à la jurisprudence de la Cour

d'Alger un de ses principaux arguments : La Cour a attaché à
ces mots : statut personnel, un sens auquel les auteurs du sénatus consulte n'ont peut-être jamais songé.

Les travaux préparatoires montrent clairement leur intention
d'édicter des dispositions communes aux israélites et aux musulmans ; il n'y avait pas de raison de traiter les uns autrement
que les autres ; les mots statut personnel de l'art. 2 ne veulent
pas dire autre chose que loi mosaïque ; sans doute cette expression peut s'entendre du statut personnel par opposition au
statut réel ; mais comme à l'époque du sénatus consulte les
israélites n'avaient conservé de leur loi propre que le statut
personnel, ces mots statut personnel pouvaient être employés
comme synonymes de loi mosaïque ; il ne s'en suit pas qu'ils
soient forcés de le suivre, et qu'ils ne puissent pas s'y soustraire
autrement que par la naturalisation ; l'art. 2, tout en s'expri-
mant différemment, ne peut donc recevoir une autre interprétation que l'art. 1er. Israélites et musulmans sont donc traités sur
un pied d'égalité (1). Ce qu'il faut retenir du sénatus consulte,
c'est que l'indigène israélite est devenu Français et qu'il n'a
jamais eu d'autre nationalité depuis la conquête (2). Cette qualité
de Français doit lui suffire pour lui permettre d'opter en faveur
de la loi française (3).

Comment ce droit d'option peut-il s'exercer ? Pour l'indigène
musulman, nous l'avons vu (art. 3 du décret de 1889), la

---

(1) V. Cass., Arrêt du 5 décembre 1871 (Estoublon, 1871, 28) ; Cass., arrêt
du 31 mars 1871 (Estoublon, 1871, 90) ; Alger, 20 novembre 1873 (Estoublon,
1873, 62).

(2) Cass , 15 janvier 1861 (Sirey, 1864, 1, 113).

(3) V. sur cette matière Tribunal d'Alger, 29 juin 1861 (Estoublon, 1861,
13) ; Cass , 15 avril 1862 (Estoublon, 1862, 25) ; Cour d'Aix, 2 juin 1865 (Estoublon, 1864, 19) ; Cass., 5 janvier 1876 (Estoublon, 1876, 1) ; Cour d'Alger, 21
octobre 1870 (Estoublon, 1870, 21) ; Cour d'Alger, 7 novembre 1874 (Estoublon, 1874, 63) ; Cour d'Alger, 13 novembre 1882 (*Bulletin jud.*, 1883, 150) ;
Cour d'Alger, 7 mai 1883 et 27 mars 1882, Cass., 6 juin 1883 (*Bulletin jud.*,
1883, 173) ; Cour d'Alger, 29 décembre 1885 (*Revue alg.*, 1886, 178) ; Tribunal
de Sétif, 1er février 1888 (*Revue alg.*, 1888, 281) ; Cour d'Alger, 15 juin 1892
(*Revue alg.* 1892, 403).

renonciation à son statut résulte, à moins de déclaration contraire de la réception de la convention originaire par un officier public français. En matière de mariage elle s'induit de ce fait que les époux ont célébré leur union devant l'officier de l'état civil français. La jurisprudence n'est pas d'accord pour faire produire cet effet au mariage entre israélites contracté suivant les formes de la loi française.

La Cour d'Alger se refuse de voir dans l'intervention d'un officier de l'état civil français autre chose qu'une question de forme extérieure, d'une simple formalité que les parties, ignorantes de leurs droits, se croient souvent obligées de remplir, mais qui ne peut avoir pour effet d'entraîner la soumission du mariage à la loi française. Elle prétend que les époux israélites en se mariant à la mode française ont subi une pression administrative. Dans le but de rapprocher les indigènes israélites des français, diverses circulaires émanées des autorités locales avaient conseillé les mariages devant l'officier de l'état civil français. Interrogé à ce sujet en 1862 par le Procureur général près la Cour de cassation, le Gouverneur général fit cette réponse : En ce qui concerne les mariages des israélites, l'administration s'est efforcée d'amener les israélites par voie de simple persuasion à contracter des mariages devant les officiers de l'état civil, mais aucune loi, aucun décret ne leur en fait une obligation spéciale ; un grand nombre d'entre eux ont répondu aux intentions de l'administration, en faisant consacrer leur union par les officiers de l'état civil, avant de contracter le mariage religieux ; mais ces errements ont toujours conservé un caractère individuel et facultatif (1).

____

(1) « Attendu que cette démarche, dit l'arrêt de la Cour d'Alger du 7 juin 1865 (Estoublon, 1865, 30) n'a pas été de leur part un acte de mouvement personnel se produisant avec un caractère de dérogation à l'habitude commune, et révélant par un signe quelconque une intention exceptionnelle, qu'ils n'ont fait que se conformer à l'exemple de la plupart de leurs coreligionnaires d'Alger lesquels obéissent en cela sinon à une prescrip-

Si cette pression n'a pas la portée que lui attribue la Cour d'Alger, il est difficile de méconnaître l'intention des parties de vouloir se soumettre à la loi française, quand elles se sont présentées librement et en connaissance de cause devant l'officier de l'état civil pour se marier.

La Cour de cassation s'en est toujours tenue à la déclaration du Gouverneur général, et a fait prévaloir les effets de la loi française sur ceux de la loi mosaïque.

La Cour d'Alger a fini par se rendre à l'opinion de la Cour suprême depuis l'arrêt du 22 juin 1870 (1).

SECTION II

Période après 1870. — En 1870 parut le décret du 24 octobre portant naturalisation collective des indigènes israélites dans les termes suivants : les israélites indigènes des départements de l'Algérie sont déclarés citoyens français, en conséquence leur statut réel et leur statut personnel seront à compter de la promulgation du présent décret régis par la loi française. Tous droits acquis jusqu'à ce jour resteront inviolables. Toute disposition législative, tout sénatus consulte, décret, règlement ou ordonnance contraires sont abolis.

Ainsi donc à partir de cette date les indigènes israélites habitant l'Algérie ne sont plus seulement français comme les indigènes musulmans mais encore citoyens, assimilés en tous points aux Israélites de France.

---

tion légale, du moins à une impulsion émanée de l'autorité administrative et inspirée par le devoir d'assurer d'une manière plus certaine que par le passé la constatation de l'état civil des israélites indigènes ; attendu qu'il y aurait péril de mécompte et de surprise pour les personnes en très grand nombre qui depuis quelques années ont déféré à cette exhortation de l'autorité, si par ce fait et contre leur attente, elles étaient exposées aujourd'hui à voir appliquer à leur mariage les dispositions de la loi française. »

(1) Alger, 21 octobre 1870 (Estoublon, 1870, 26) ; Alger, 21 mars 1871 (Estoublon, 1871, 11).

Cette insigne faveur a été généralement reçue avec reconnaissance par les intéressés. Leur assimilation légale est donc complète.

Comme le porte le texte du décret, seuls les israélites indigènes des départements de l'Algérie sont admis à se prévaloir de la naturalisation. Deux conditions sont donc requises : la qualité d'indigènes et le fait de résider dans les départements de l'Algérie. Par indigènes il faut entendre les israélites nés sur le territoire algérien avant l'occupation ou ceux nés depuis, mais de parents établis avant la conquête. Sont considérés comme indigènes, dit l'art. 1er du décret du 7 octobre 1871, les israélites nés en Algérie avant l'occupation française ou nés depuis cette occupation de parents établis en Algérie à l'époque où elle s'est produite. Les israélites qui ne rentrent pas dans ces deux catégories sont des étrangers.

La deuxième condition est relative à l'établissement des israélites dans les départements algériens au moment du décret. La naturalisation, comme l'appelle le texte, est une naturalisation collective s'appliquant à un nombre déterminé de sujets, aux 35.000 israélites qui peuplaient alors l'Algérie. Il en résulte que l'application du décret ne doit pas être étendue aux territoires annexés depuis 1870. Les israélites du M'zab, dont l'annexion a eu lieu en 1882, ne doivent donc pas en profiter.

Dans une lettre du 7 novembre 1882, M. Devès, alors garde des sceaux, s'exprime ainsi : « En 1870 il y a eu une naturalisation en masse de tous les Israélites algériens dispensés ainsi d'obtenir des naturalisations individuelles. La mesure prise à cette époque n'a pu saisir que ceux des Israélites qui étaient à ce moment même considérés comme indigènes algériens, elle ne peut être invoquée que par eux ou leurs descendants. Quant à ceux qui en 1870 résidaient en dehors des départements de l'Algérie, et les habitants du M'zab sont dans cette situation, ils sont sans droit pour réclamer l'application d'une mesure dont l'effet utile est actuellement épuisé. Il résulte de l'examen qui précède que les Israélites indigènes du M'zab ne peuvent réclamer la qualité de citoyen français ; ils peuvent seulement l'obtenir individuellement en se conformant aux règles posées par le Sénatus-consulte de 1865... Pour qu'ils fussent citoyens français de plano, il faudrait au contraire qu'une disposition expresse étendît au M'zab la mesure prise en 1870. »

Le conseil de préfecture d'Alger dans son arrêté du 11 août 1890 s'est rallié à la même opinion (1). La Cour d'Alger par arrêt du 25 février 1891 (2) se base sur les mêmes motifs pour repousser une demande en séparation formée par une Israélite mozabite en vertu de la législation française qu'elle croyait pouvoir invoquer. La défense lui opposait son statut personnel, qui n'admet que la répudiation et le divorce.

On a soutenu cependant (3) que le décret de 1870 ne constituait pas seulement un ensemble de naturalisations individuelles, mais était « un acte d'émancipation de toute la race juive en Algérie, une mesure d'assimilation et d'affranchissement, » qu'il devait avoir le même caractère que les décrets de 1790 et de 1791, qui en France ont donné le droit de cité aux juifs.

Ainsi entendu il ne profitera pas seulement aux familles établies en Algérie depuis 1870, mais encore à toutes celles qui viendront s'y installer plus tard. Puisqu'il faut être indigène pour être déclaré citoyen, tous ceux qui auront cette qualité seront naturalisés ipso facto. On acquiert l'indigénat en Algérie de la même manière que les étrangers y acquièrent la nationalité

---

(1) *Revue alg.*, 1891, 599 : Considérant qu'au 24 octobre 1870 le M'zab ne faisait pas partie du territoire de l'Algérie, que par suite les Israélites nés dans le M'zab ou originaires de ce pays, établis sur le territoire algérien, étaient étrangers ; que le décret du 24 octobre 1870 ne pouvait dès lors leur être applicable et qu'ils étaient tenus pour obtenir la qualité de citoyen français, de se conformer aux prescriptions légales sur la naturalisation des étrangers.

(2) *Revue alg.*, 1891, 220.

(3) Cette opinion est exposée dans une monographie de M. Tissier (*Revue alg.*, 1891, 105).

française, conformément aux dispositions de la loi de 1889. Ce système aura ainsi pour effet d'assimiler aux Israélites naturalisés les Israélites des pays annexés à l'Algérie depuis 1870, ceux du M'zab notamment. L'annexion donne aux habitants la qualité d'indigènes ; les Israélites peuvent donc, revêtus de cette qualité, invoquer en leur faveur le décret de 1870.

Cette manière d'envisager la naturalisation des Israélites s'appuie sur certaines paroles prononcées par M. Crémieux, l'auteur du décret : « Ce que notre immortelle assemblée de 1791 a fait pour les juifs de France, a-t-il dit, dans sa déposition devant la commission d'enquête, notre gouvernement de 1870 l'a fait pour les juifs français d'Algérie. » Le décret de 1870 doit donc être, comme les décrets de 1791 un acte d'émancipation de la race juive tout entière. Le Sénatus-consulte de 1865 qui réglait la condition des Israélites sujets mais non citoyens, se trouve ainsi abrogé en ce qui concerne cette classe d'habitants. Donc il ne peut y avoir que des Israélites citoyens.

Nous ne croyons devoir nous ranger à cette opinion, quelque libérale qu'elle soit. Le texte du décret de 1870 est trop formel pour laisser place à un doute : les Israélites indigènes des départements de l'Algérie, y est-il dit, sont déclarés citoyens français, et eux seuls ; le décret du 7 octobre 1871 prend même soin d'énumérer ceux qu'il faut comprendre sous le nom d'indigènes. Ses effets ne peuvent donc être étendus à d'autres. Les paroles de M. Crémieux n'ont pas l'importance juridique qu'on voudrait leur attribuer ; car assimiler le décret de 1870 à ceux de 1791, c'est méconnaître la différence qui existe dans la condition des personnes en France et en Algérie. Il peut être dangereux d'admettre au sein de la population française, avant de les connaître, les Israélites indigènes d'un pays qu'on annexe, alors que les Israélites algériens de 1870 ont attendu quarante ans avant d'être l'objet d'une pareille faveur. Quant à l'argument tiré de l'abrogation du Sénatus-consulte,

sans doute il devient lettre morte pour les Israélites naturalisés ;
mais il reste néanmoins en vigueur pour ceux qui ne sont que
sujets, c'est à dire tous ceux qui sont nés en Algérie de parents
établis dans le pays après la conquête (1), et ceux qui sont nés
dans le M'zab.

Effets du décret de naturalisation. — Leur statut réel et leur
statut personnel seront, à compter de la promulgation du décret,
régis par la loi française, dit le décret de 1870. Il était inutile
de parler du statut réel mosaïque, puisque le statut réel français
l'avait remplacé depuis la loi du 16 juin 1851. Les effets que
produit cette naturalisation imposée sont les mêmes que ceux
attachés à la naturalisation obtenue par l'indigène musulman :
Le mariage contracté par l'israélite avant le décret sera maintenu, mais à la condition qu'il ne soit pas contraire à l'ordre
public ou aux bonnes mœurs qui interdisent la polygamie. Mais
le décret n'a statué que pour l'avenir ; les situations acquises
restent intactes ; les conventions matrimoniales continuent à
lier les époux israélites, la naturalisation étant sans effet sur ces
sortes de conventions.

A partir de 1870 ils sont soumis aux impôts français établis
en Algérie. Le Conseil d'Etat a décidé, dans un arrêt du 28 novembre 1879 (2), que le décret de 1870 en conférant aux
israélites indigènes la qualité de citoyens français, les a déchar-
gés de l'obligation de payer les impôts arabes auxquels ils étaient
soumis avant cette date (3).

La dernière différence qui existait entre les Français et les
israélites naturalisés a disparu avec le décret du 27 juin
1887 (4). Il s'agissait de la répartition des produits de l'octroi

---

(1) Cour d'Alger, 11 juin 1877, *Bulletin jud.*, 1877, 363.

(2) *Bulletin jud.*, 1879, 370.

(3) C'est ce qui résulte d'un avis du Conseil d'Etat du 23 janvier 1853
(Mén., 2, 119).

(4) *Revue alg.*, 1887, 3, 111.

de mer entre les communes. Dans l'arrêté du **23 juin 1873 (1)**
les israélites indigènes comptent non pour leur population effective, mais seulement pour un huitième.

L'article 41 du décret de 1887 ne parle plus que de la population indigène musulmane.

Au point de vue politique, ils jouissent de tous les droits de citoyen français. Mais déjà avant 1870 ils pouvaient faire partie de certaines assemblées électives. Il n'est pas sans intérêt de le rappeler : ainsi les décrets des 14 novembre 1858 et 5 septembre 1859 (2) les faisaient entrer, en nombre restreint il est vrai (2 sur 20), au conseil général électif institué dans chaque province par décret du 25 octobre 1858 (3). Le décret du 11 juin 1870 (4) décidait que le conseil général serait composé dans chaque province de 30 conseillers français, musulmans, israélites et étrangers élus par les électeurs communaux de leur catégorie.

Les israélites indigènes étaient pour la première fois électeurs et éligibles dans les assemblées municipales dans l'organisation du 16 août 1848 (5). Les décrets des 1er mai 1854 et 8 juillet 1854 (6) portant réorganisation de certaines municipalités,

(1) Hugues et Lapra, 311. Considérant, dit cet arrêté, que le décret du 21 octobre 1870, qui a accordé collectivement la naturalisation française aux israélites indigènes, n'a pu avoir pour effet de changer subitement les conditions économiques dans lesquelles ils vivaient antérieurement ; qu'ainsi aucune augmentation sensible n'ayant été constatée dans leur apport à la taxe de l'octroi de mer, la proportion pour laquelle ils comptent dans sa répartition doit encore rester telle qu'elle a été fixée par l'article 16 du décret du 18 août 1858, aux dispositions duquel il n'a été nullement dérogé, ni par le décret précité du Gouvernement de la défense nationale, ni par aucun décret ou règlement postérieur.

Considérant dès lors que si, quant à l'exercice des droits civils et politiques, les indigènes israélites doivent être classés avec la population française dans les états de dénombrement, il n'en est pas moins indispensable au point de vue de la répartition de l'octroi de mer, de fixer séparément leur effectif dans chaque commune.

(2) Mén., 1, 41.
(3) Mén., 1, 37.
(4) Mén., 3, 109.
(5) Mén., 1, 216, art. 8.
(6) Mén., 3, 73.

réglaient la composition de chaque conseil municipal, en attribuant une place à la fraction israélite dans les villes où cette population était assez dense.

Enfin le dernier décret sur la matière avant 1870, celui du 27 décembre 1866 (1), donnait aux indigènes, sans distinguer entre les musulmans et les israélites, le droit de voter (art. 10), et l'art. 12 déclare éligibles les indigènes et les étrangers âgés de 25 ans, domiciliés dans la commune depuis trois ans au moins, et inscrits sur la liste communale.

Et maintenant, quelle conclusion allons-nous tirer de cette législation sur la condition des indigènes ? L'étude de cette partie de notre travail nous a montré que la France avait fidèlement suivi le programme qu'elle s'était tracé. Il convenait à une nation civilisée comme la nôtre de tenter le rapprochement du peuple conquis avec le peuple conquérant, de montrer la supériorité de ses institutions et de chercher à les faire adopter. Tous ses efforts tendent vers ce but, et si jamais il peut être atteint, nous aurons plus fait pour la cause de la civilisation, que si nous avions conquis par les armes tout l'empire musulman. Mais ce problème est long et difficile à résoudre avec une race systématiquement hostile à tous ceux qui ne professent pas la même religion qu'elle. Il ne parut pas encore bien nettement dans les premiers temps qui ont suivi l'occupation ; l'armée étendait tous les jours ses conquêtes ; elle chassait devant elle les tribus ennemies qui, le premier moment de résistance passé, préféraient prendre la fuite plutôt que de se laisser décimer. Les indigènes se trouvaient ainsi refoulés vers les régions du sud, et leurs terres délaissées devenaient la propriété des premiers occupants.

Ce système de pacification du pays par le refoulement inauguré par Bugeaud, fut pratiqué pendant un certain temps ; il

----

(1) Mém., I, 317.

dut être abandonné devant les progrès et les besoins de la colonisation. Des colons étaient venus s'installer à la suite de nos troupes sur les terres, avec l'espoir d'en tirer profit; mais leurs bras ne suffisaient pas pour cultiver des étendues aussi vastes; il leur fallait forcément recourir à la main-d'œuvre indigène; c'est ainsi qu'ils ont été obligés de vivre côte à côte avec les indigènes; la nécessité de l'assimilation se présenta alors d'elle-même aux yeux même de ceux qui avaient été les plus farouches adversaires des Arabes. Elle ne suivit pas toujours une marche régulière et progressive : l'empire la comprit autrement que la République; il sacrifia trop souvent les intérêts des colons à ceux des indigènes; Napoléon III, dans son imprévoyance, négligea les quelques colons qui étaient cependant l'avenir de l'Algérie pour reporter toutes ses faveurs sur les Arabes, dont il rêvait de se faire proclamer roi. Mais un grand changement s'opéra en 1870; avec le gouvernement civil, le sort des colons s'améliora; la sanglante insurrection de 1871 fit voir les vices d'une administration où les Arabes étaient traités avec trop de faveur. A partir de cette époque, l'assimilation devint sérieusement progressive. Que l'on compare en effet la situation actuelle avec celle de 1860, par exemple. Quels progrès n'a-t-on pas à constater ! La majeure partie de la population indigène se trouve aujourd'hui englobée dans le territoire civil, au milieu d'une population européenne agglomérée et vivant sous le régime civil. La propriété n'est plus comme alors difficile à constater et à reconnaître, grevée de servitudes occultes qui en rendaient la transmission presque impossible; elle se présente aujourd'hui avec les mêmes caractères que la propriété française, au point que toute différence tend à disparaître. L'état civil est constitué dans la plupart des tribus; on a donné aux indigènes un nom patronymique qui doit remplacer l'ancien; leurs naissances et leurs décès sont déclarés devant l'officier de l'état civil français; leur statut successoral seul a conservé le cachet musulman; mais leur mariage est fortement battu en brèche par la jurisprudence de nos tribunaux algériens qui n'admettent pas, et avec raison, une morale musulmane en opposition avec la morale française. Par la création de nouvelles justices de paix, les cadis voient diminuer l'étendue de leur influence ; même leurs fonctions notariales n'ont plus l'importance d'autrefois, par suite de l'habitude qu'ont prise les indigènes de s'adresser aux notaires français. Depuis 20 ans, la Kabylie ne connaît plus d'autres juges que les juges français. L'instruction publique, et surtout l'instruction primaire, est poussée aussi loin que possible. Des sommes considérables y sont consacrées chaque année. Si les succès n'ont pas encore suffisamment couronné les efforts de ceux qui ont entrepris cette tâche ardue, il y a lieu cependant de bien augurer de l'avenir. La langue française se répand de plus en plus ; on est souvent étonné de l'entendre parler par les indigènes avec une rare perfection. L'assimilation enfin par les grands travaux publics n'est pas moins intéressante à mentionner. Nos chemins de fer de pénétration, pour ne parler que des progrès réalisés dans les voies de communication, conduisent aujourd'hui jusqu'aux portes du Sahara, et notre réseau de routes remplaçant les anciennes pistes arabes, sillonnent les trois départements dans tous les sens. Sous ce rapport, l'Algérie tient un bon rang parmi les colonies de l'Afrique.

La France a donc largement tracé aux indigènes la voie à suivre pour arriver à nous ; ils n'ont qu'à s'y engager avec une entière confiance. Nous les attendons et nous espérons qu'ils ne tarderont pas à venir.

Les Étrangers

TITRE PREMIER

Les Étrangers Européens

Les étrangers établis en Algérie sont ou Européens ou musulmans. Les matières que nous nous proposons de traiter à propos des étrangers européens ont trait 1° à leur naturalisation 2° aux règles de compétence des tribunaux algériens dans les conventions et les contestations où ils sont parties.

Le chiffre des étrangers s'est élevé dans le dernier recensement de 1891 à 215,703 et montre, comparé à celui des Français, qui est de 267,692, la place considérable qu'ils occupent dans la colonie. Les Espagnols et les Italiens, les plus proches voisins, fournissent les contingents les plus forts ; ils retrouvent un sol et un climat qui se rapprochent beaucoup de ceux de leurs pays. Tandis que les uns, après avoir amassé un petit pécule, retournent chez eux; les autres plus nombreux restent en Algérie, y font souche et acquièrent la nationalité française, eux et leurs enfants. A la longue il se créera ainsi une race française nouvelle, une race algérienne, formée en grande partie d'émigrants étrangers, et dans laquelle les français d'origine tiendront une petite place, si leur population ne devient pas plus forte. Mais il s'en trouvera toujours assez, il faut l'espérer, pour se souvenir de la mère patrie et lui assurer un fidèle attachement.

CHAPITRE PREMIER

Naturalisation des Étrangers (1)

Avant le sénatus consulte de 1865 la naturalisation des étrangers était réglée par la loi des 3-11 décembre 1849 applicable en Algérie.

On exigeait alors que l'étranger eût 21 ans, qu'il eût obtenu l'autorisation d'établir son domicile en France, et qu'il justifiât d'une résidence de dix ans depuis cette autorisation (2).

Ces conditions ont paru trop dures pour être imposées à l'étranger qui vient se fixer en Algérie avec l'intention de coloniser. Aussi le sénatus consulte, tenant compte de la situation particulière de ces colons, a-t-il réduit à 3 ans la durée de la résidence et supprimé l'autorisation d'établir le domicile, art. 5. Il était difficile en effet de maintenir l'autorisation de domicile, car l'étranger qui se fixe en Algérie n'a pas toujours perdu tout esprit de retour ; il était arrivé aussi que, soit par négligence, soit par ignorance, il avait omis de remplir cette formalité ; la demande de naturalisation était alors refusée, malgré les services qu'il avait rendus dans le pays. Avec le sénatus consulte il suf-

---

(1) V. monographie de M. Audinet, la nationalité française en Algérie et en Tunisie d'après la législation récente, *Revue alg.*, 1889, p. 149, 165.

(2) Cette loi est encore en vigueur dans la partie qui s'occupe de l'expulsion des étrangers et des peines qu'ils encourent en cas de rupture de ban. Elle abroge l'arrêté du 16 décembre 1846 (Mén., I, 28), ainsi que l'arrêté du 14 juin 1811 (Mén., I, 329). L'application de ce dernier texte n'est plus possible aujourd'hui, car il permettait l'expulsion des Français aussi bien que) des étrangers V. Alger, arrêt du 10 septembre 1887 (*Revue alg.*, 1888, 24.

fira de justifier de 3 années de résidence pour être admis à jouir des droits de citoyen français.

La demande ne peut être faite qu'à l'âge de 21 ans (art. 19 du décret du 21 avril 1866 et 1er du décret du 24 octobre 1870). Il en est justifié par un acte de naissance ou à défaut par un acte de notoriété dressé sur l'affirmation de 4 témoins par le juge de paix (art. 1er du décret de 1870). La résidence est prouvée par des actes officiels. La preuve en est facile. car un étranger qui se fixe en Algérie ne passe pas inaperçu ; on sait toujours quand il est venu (1).

La demande est faite devant le maire de la commune du domicile de l'étranger ou la personne qui en remplit les fonctions dans le lieu de sa résidence (art. 15 du décret). La naturalisation est conférée par décret présidentiel après avis du Conseil d'Etat (art. 4 du sénatus-consulte). Le droit de sceau et d'enregistrement est de 1 franc (art. 20 du décret). Elle donne à l'étranger non seulement les droits civils et politiques (art. 15 du sénatus-consulte), mais encore certains avantages spéciaux, comme celui de prétendre à une attribution de terres domaniales (2). L'étranger peut se prévaloir des effets de cette naturalisation non seulement en Algérie, mais encore en France.

Il a pu arriver, c'est l'objection qui a été faite, que l'on ait cherché à éluder par ce moyen les conditions plus sévères de la loi de 1849. Cette crainte n'a pas retenu le législateur ; ce n'est pas un mal que d'attirer en Algérie les étrangers qui trouvent trop long le temps de stage exigé en France pour devenir français.

La loi de 1849 fut modifiée en France: la résidence de 10 ans fut réduite à 3 ans comme en Algérie par la loi du 29 juin 1867;

---

(1) Les étrangers arrivant en Algérie sont soumis à une déclaration concernant leur identité et leur nationalité, depuis le décret du 21 juin 1890 (Revue alg., 1890, 3, 38). Cette déclaration était déjà exigée des étrangers établis en France par le décret du 2 octobre 1888.

(2) Instruction du Gouverneur général du 20 août 1872.

mais l'autorisation de domicile fut maintenue (art. 1er). Par contre une nouvelle faveur fut faite à certains étrangers plus méritants que les autres : on se contenta pour eux d'une résidence d'un an (art. 2). Les étrangers établis en Algérie ne furent pas admis à se prévaloir de cette nouvelle disposition, car la loi de 1867 ne fut pas promulguée en Algérie. Ils étaient donc moins favorisés que les étrangers en France, car, si l'art. 2 de la loi de 1867 avait pu être appliqué en Algérie, beaucoup d'entre eux auraient été en mesure d'en profiter.

Malgré ces faveurs, le nombre de demandes de naturalisation a été relativement peu considérable. L'immigration étrangère a été cependant assez forte, puisque le nombre des étrangers en Algérie atteint presque celui des Français. Cette abstention tenait à plusieurs causes : tout d'abord les avantages qu'ils retiraient de la qualité de français n'étaient pas proportionnés aux charges qu'ils avaient à supporter : déjà au point de vue de la jouissance des droits civils, la législation de notre Code civil ne fait pas beaucoup de différence entre le français et l'étranger ; et cette différence est encore moins sensible en Algérie qu'ailleurs.

Les lois algériennes ont toujours réservé des faveurs aux étrangers ; aussi, pour ne parler que des matières les plus importantes, jusqu'au décret du 7 avril 1884, ils étaient admis dans les conseils municipaux. Dès l'organisation de 1847 ils ont pu devenir conseillers municipaux à la condition d'être autorisés par le roi à exercer leurs droits civils en Algérie (art. 12 de l'ord. du 28 septembre 1847) (1) ; dans celle du 16 août 1848 (2), ils sont électeurs à 21 ans, quand ils remplissent certaines conditions et éligibles à 25 ans (art. 5 et 7) ; ils entrent dans les municipalités dont la composition est détermi-

---

(1) Mén., 1, 207.
(2) Mén., 1, 45.

née par les décrets des 1er mai 1851 et 8 juillet 1851 (1) à peu près dans les mêmes proportions que les indigènes ; le décret du 27 décembre 1866 (2) les admet encore à voter, mais les conditions qui leur sont imposées sont assez nombreuses (art. 11 et 12).

D'après l'arrêté du 19 décembre 1848 (3) la chambre de commerce d'Alger est composée de 15 membres parmi lesquels deux étrangers. Il y en a un pour les autres localités. Les arrêtés des 12 juin 1869, 11 novembre 1869 et 2 mars 1870 (4) les rendent électeurs ; ils sont même éligibles, s'ils sont établis en Algérie, s'ils sont âgés de 30 ans au moins, et s'ils exercent un commerce ou une industrie depuis 3 ans, dont deux au lieu où réside la chambre de commerce.

Enfin l'art. 21 de l'ordonnance sur la procédure civile du 16 avril 1843 l. s admet à la cession de biens.

Une autre cause d'abstention résidait dans l'ignorance de nos lois. Beaucoup s'imaginaient que la nationalité était attachée à la naissance sur le sol ; le service militaire imposé aux Espagnols établis en Algérie par l'art. 5 de la convention du 7 janvier 1862, encore en vigueur aujourd'hui, continuait à entretenir cette erreur.

On avait proposé pour porter remède à cette situation de réduire encore la durée du stage de 3 ans et de ne plus soumettre la naturalisation qu'à une condition unique : l'enquête administrative. On serait arrivé ainsi à conférer à tout le monde la naturalisation privilégiée de la métropole. C'était excessif, car il n'était plus réservé de faveur à personne, même pas à ceux qui, par exemple, avaient créé une ferme, une industrie, avaient étendu des cultures, ou essayé des cultures nouvelles.

(1) Mén., 1, 217.
(2) Mén., 3, 73.
(3) Mén., 1, 135.
(4) Mén., 3, 63).

C'est pour ceux-là seulement qu'il eût été bon d'introduire en Algérie la naturalisation d'un an de la loi de 1867, en maintenant pour les autres la résidence de 3 ans qui, dispensée de l'autorisation de domicile, constituait déjà un privilège et un progrès. Voilà comment le sénatus consulte pouvait être modifié. Voyons maintenant les changements que la loi du 26 juin 1889 y a apportés.

La présente loi, dit l'art. 2 de ce texte, est applicable à l'Algérie et aux colonies de la Guadeloupe, de la Martinique et de la Réunion. Continueront toutefois de recevoir leur application, le sénatus consulte du 14 juillet 1865 et les autres dispositions spéciales à la naturalisation en Algérie.

La naturalisation se trouve donc régie par plusieurs textes ; le sénatus consulte de 1865 avec les dispositions qui le complètent et la loi de 1889. Celle-ci règlera les matières sur lesquelles le sénatus consulte n'a pas expressément statué et qui se réfèrent aux effets de la naturalisation, les conditions seules ayant fait l'objet des dispositions de ce dernier texte.

On peut se demander toutefois si la naturalisation obtenue après un an de résidence ne doit pas être étendue à l'Algérie. Cette extension serait suffisamment justifiée par l'intérêt particulier qui s'attache à l'établissement des colons étrangers. Le sénatus consulte n'avait pas prévu cette réduction de stage, et la loi de 1867 qui la contenait était restée lettre morte pour l'Algérie.

Nous pensons que l'étranger qui se trouve dans les conditions voulues pour bénéficier de la naturalisation privilégiée, mérite plus d'égards en Algérie qu'en France. Sans doute le sénatus consulte n'a pas prévu le cas ; mais il s'agit dans la loi d'étrangers qui ont obtenu l'autorisation de domicile ; or cette condition n'est pas exigée en Algérie ; si donc les étrangers la demandent, et elle ne peut leur être refusée, rien ne s'oppose à ce qu'elle produise l'effet que la loi de 1889 y a attaché. L'étranger peut obtenir cette naturalisation, quand il a été a un titre quelconque au service militaire dans les colonies et les protectorats français ; or, à moins de supposer que le législateur n'ait pas voulu comprendre l'Algérie au nombre des colonies, on doit décider que l'étranger qui a servi pendant un an à la légion étrangère, est en droit de la revendiquer. Si donc une des circonstances prévues par le § 3 de l'article 8 de la loi trouve son application en Algérie, pourquoi exclurait-on les autres ?

Les effets de la naturalisation sous l'empire du sénatus consulte étaient réglés par la législation alors en vigueur dans la métropole, la loi du 3 décembre 1849. La loi de 1889 remplace sous ce rapport ce dernier texte ; ses articles 12 (du Code civil) et 3 deviennent applicables en Algérie en présence du silence du sénatus consulte ; la femme pourra donc être naturalisée par le décret qui confère à son mari la nationalité française sans condition de stage ; le même droit est accordé aux enfants majeurs. Les mineurs sont entraînés dans la naturalisation de leur père ou de leur mère, mais ils peuvent réclamer la nationalité d'origine dans l'année qui suit leur majc.

Le sénatus consulte, en accordant dans son article 3 les droits de citoyen français à l'étranger qui justifie de trois années de résidence en Algérie, semble en contradiction avec l'article 3 de la loi. Ce texte ajoute : néanmoins, il n'est éligible aux assemblées législatives que dix ans après le décret de naturalisation, à moins qu'une loi spéciale n'abroge ce délai. Le délai pourra être réduit à une année.

Cette restriction aux droits politiques doit s'appliquer en Algérie comme en France. Il n'y a pas de raison pour favoriser sous ce rapport les étrangers établis dans les colonies. On ne saurait la trouver dans les termes peu précis du sénatus consulte.

Dans la plupart des législations européennes (1), la naturali-

____

(1) Weiss. *Traité de Droit international privé.* p. 256.

sation obtenue à l'étranger fait perdre la nationalité d'origine.
Il en est ainsi notamment en Italie (C. civ., art. 11, § 2), en
Espagne, en Hongrie (Loi des 20-24 décembre 1879), en Angleterre (Loi de 1870, art. 6). En Allemagne, la nationalité se
perd par un congé obtenu par le certificat d'émigration
(Entlassungsschein) ; mais il n'est accordé qu'aux jeunes gens
qui ont moins de 17 et plus de 25 ans (Loi de 1870, art. 13
et suiv.).

Mentionnons aussi la convention signée à Madrid entre un
certain nombre de puissances étrangères et le Maroc. Il est
arrivé que par suite du voisinage de l'Algérie, des Marocains
ont passé la frontière et se sont fait naturaliser Français dans
le but uniquement de mettre leur fortune à l'abri des spoliations
de leur souverain ; puis ils sont retournés dans leur pays et se
sont réclamés de leur qualité de Français, chaque fois que le
sultan leur a réclamé des impôts ou des contributions de guerre.
Notre protection ne saurait s'étendre à de pareils sujets. Aussi
le traité du 3 juillet 1880 impose-t-il au sujet marocain naturalisé à l'étranger, s'il revient au Maroc, l'obligation de quitter le
pays ou d'opter pour la soumission aux lois de l'Empire (1).

---

(1) Décret portant promulgation de la convention signée à Madrid le 3
juillet 1880 pour régler le droit de protection au Maroc : art. 1er, une convention concernant l'exercice du droit de protection au Maroc ayant été
signée à Madrid le 3 juillet 1880 entre la France, l'Allemagne, l'Autriche-
Hongrie, la Belgique, le Danemark, l'Espagne, les États-Unis d'Amérique,
la Grande-Bretagne, l'Italie, le Maroc, les Pays-Bas, le Portugal, la Suède
et la Norwège et les ratifications de cet acte ayant été échangées à Tanger
le 1er mai 1881, ladite convention dont la teneur suit sera insérée au *Journal
officiel* :
Art. 15 de cette convention : Tout sujet marocain naturalisé à l'étranger
qui reviendra au Maroc devra, après un temps de séjour égal à celui qui lui
aura été régulièrement nécessaire pour obtenir la naturalisation, opter
entre sa soumission entière aux lois de l'Empire et l'obligation de quitter
le Maroc, à moins qu'il ne soit constaté que la naturalisation étrangère a
été obtenue avec l'assentiment du gouvernement marocain. La naturalisation étrangère acquise jusqu'à ce jour par des sujets marocains suivant
les règles établies par les lois de chaque pays est maintenue pour tous ses
effets, sans restriction aucune (Dalloz, 1882, 4, 55).

La naturalisation des Marocains leur fait donc perdre leur nationalité, mais seulement quand ils ne retournent pas dans leur pays.

La loi de 1889 n'a pas seulement pour but de déterminer les conditions et les effets de la naturalisation, elle règle aussi d'une façon nouvelle la manière d'acquérir et de perdre la nationalité française par l'effet de la loi. C'est même sa partie principale. Le résultat de cette loi est d'attribuer d'office la nationalité française à un certain nombre d'étrangers qui se trouvent dans des conditions déterminées et d'augmenter ainsi le nombre des Français. Il fallait suppléer à l'insuffisance de la natalité en France. Ce motif n'existe peut-être pas au même degré en Algérie, où la race est plus prolifique. La rareté des demandes de naturalisation dans les deux pays rendait cette loi nécessaire ; mais si les Français, au lieu de s'expatrier et d'aller chercher fortune, vainement la plupart du temps, en Amérique, voulaient s'établir en Algérie, toutes ces mesures perdraient de leur utilité. En attendant, la loi, par ses nombreuses applications, rendra des services signalés dans la colonie.

L'art. 9 du Code civil, modifié successivement par les lois des 7 février 1851 et 16 décembre 1874, déclarait français tout individu né en France d'un étranger qui lui même y est né. Toutefois il pouvait à sa majorité répudier cette qualité en prouvant qu'il avait conservé sa nationalité d'origine. Ce n'était donc qu'au bout de la deuxième génération que la qualité de français était conférée à l'étranger et non pas d'une façon certaine. La fusion menaçait donc de s'opérer très lentement au grand détriment de la colonie. Aussi réclamait-on depuis plusieurs années une loi qui réalisât plus efficacement le but que l'on poursuivait (1), en appliquant dès la première génération la règle qu'on

____

(1) Monographie de M. Dain. *Revue alg.*, 1885, I. I.

n'avait suivie que pour la seconde. C'est la solution à laquelle s'est arrêté le législateur de 1889 en décidant, art. 8 nouveau du Code civil, que tous les individus nés en France de parents même étrangers sont français. Mais ils ne le sont pas tous au même titre ; plusieurs distinctions s'imposent.

Leur situation variera suivant que les parents sont eux-mêmes nés en France ou à l'étranger. Dans le premier cas, ils sont français définitivement, sans pouvoir jamais abdiquer cette qualité, art 8 § 3. Dans le second cas ils sont français, mais à la double condition : 1° d'être domiciliés en France à leur majorité, art. 8 § 4, et 2° de ne pas réclamer à cette époque la nationalité de leurs parents. Si donc à leur majorité ils sont domiciliés hors de France, de même si dans l'année qui suit leur majorité ils ont réclamé la nationalité de leurs parents, ils sont réputés étrangers de naissance. Mais quand ils ne sont pas domiciliés en France, ils peuvent acquérir la nationalité française en faisant dans l'année qui suit leur majorité au plus tard devant nos agents diplomatiques de l'étranger leur soumission de fixer leur domicile en France, en s'y établissant, et en réclamant la qualité de français par une déclaration que reçoit le juge de paix, art. 9. Cette déclaration doit être faite avant l'âge de 22 ans.

La qualité de français n'est acquise que pour l'avenir, art. 20. Ainsi prennent fin les controverses qui s'étaient produites à propos de l'ancien article 9 sur la question de savoir si la déclaration de l'étranger avait ou non un effet rétroactif. La Cour d'Alger s'est prononcée pour la négative dans une espèce où il s'agissait d'un individu qui avait été l'objet d'un arrêté d'expulsion, et qui, rentré en France au mépris de cet arrêté, avait réclamé la qualité de français. (Alger 2 décembre 1886) (1). La Cour de Paris avait donné la même solution dans une espèce identique. (Arrêt, 6 février 1884) (2).

____

(1) *Revue alg.*, 1886, 119.
(2) **Dalloz**, 1885, 2, 11.

Les formalités qui accompagnent la renonciation à la qualité de français, et qui ont surtout pour but de déjouer les ruses de ceux qui voudraient se soustraire au service militaire de leur pays, sont longues et difficiles ; on peut espérer que les intéressés hésiteront à les remplir et qu'ils préféreront garder la nationalité française. Elles consistent en une déclaration reçue par le juge de paix du canton où ils résident, et à l'étranger par les agents diplomatiques ou consulaires français. (Décret du 13 août 1889, art. 6) (1). Cette déclaration doit être faite dans l'année qui suit la majorité, telle qu'elle est fixée par la loi française ; elle doit prouver que l'étranger a conservé la nationalité de ses parents au moyen d'un certificat délivré par le gouvernement de son pays, et qu'il a satisfait à la loi militaire de son pays d'origine.

Les étrangers habitant l'Algérie auront un intérêt particulier à ne pas faire cette déclaration ; incorporés dans les corps stationnés soit en Algérie soit aux Colonies, ils sont envoyés en disponibilité après une année seulement de présence effective sous les drapeaux (art. 81 § 3 de la loi militaire du 15 juillet 1889). La durée du service actif dans les autres pays est généralement plus longue.

Il résulte des termes de la loi que l'option pour la nationalité française produit un effet rétroactif. L'art. 8 § 4 dit en effet : Est français tout individu né en France d'un étranger et qui à l'époque de sa majorité est domicilié en France, à moins que dans l'année qui suit sa majorité il n'ait décliné la qualité de français.

Tout en devenant français par l'effet de la loi, il peut arriver que des étrangers ne perdent pas la nationalité de leur pays d'origine ; ils ont alors deux nationalités. L'étranger devenu français ne sera pas considéré comme tel dans le pays de ses parents ; et s'il y retourne, il sera soumis à toutes les charges qui

---

(1) *Revue alg.*, 1889. 3. 127.

incombent aux nationaux, sans qu'il puisse exciper de sa nouvelle nationalité. Ce ne sont pas seulement les intérêts privés des étrangers qui sont en jeu, mais encore les intérêts publics des Etats à raison de la protection qu'ils doivent accorder à ceux qu'ils considèrent toujours comme leurs sujets. Nous allons parcourir les différentes législations des pays qui ont beaucoup de leurs nationaux en Algérie.

Italie. — En dehors de la naturalisation acquise en pays étranger et de l'acceptation non autorisée par le Gouvernement italien d'un emploi civil ou militaire auprès d'une puissance étrangère (code civil italien, art. 11 § 3), la nationalité italienne se perd par une renonciation devant l'officier de l'état-civil du domicile accompagnée du transfert de la résidence sur le territoire étranger. Cette renonciation sera sans doute très rare, et il arrivera alors que l'Italien sera Français en Algérie et Italien en Italie. Cependant le nombre des Italiens qui se trouveront dans cette situation sera fort restreint car, d'une part la grande majorité accomplit le service militaire en Algérie et d'autre part pour exercer le métier de pêcheurs, auquel ils se livrent presque tous, ils sont obligés de se faire naturaliser. La loi du 1er mars 1888 (1) interdit la pêche aux étrangers dans les eaux territoriales de France et d'Algérie (2).

Espagne. — La loi espagnole attribuant comme la France à la naissance sur le sol certains effets au point de vue de l'acquisition de la nationalité d'origine, un conflit est à prévoir entre les deux législations. D'après l'art. 26 du Code civil, l'Espagnol pourra garder la nationalité de ses parents en faisant une déclaration : toutefois, dit cet article, les Espagnols qui transfèrent

---

(1) *Recue alg.*, 1885, 3, 40.
(2) Déjà auparavant et jusqu'au décret du 22 novembre 1883 (*Bulletin jud.*, 1883, 391) qui a abrogé les décrets du 1er juin 1864 (Mén., 2, 171) et du 19 décembre 1876 (Hugues et Lapra, 313, sur la pêche du corail, les Italiens qui se livraient à cette pêche avaient intérêt à se faire naturaliser pour être exonérés des frais de patente que les étrangers seuls payaient.

leur domicile dans un pays étranger où sans autre circonstance que celle de leur résidence, ils sont considérés comme naturels devront pour conserver la nationalité espagnole, déclarer que telle est leur volonté à l'agent diplomatique ou consulaire espagnol, qui devra les inscrire sur le registre des Espagnols résidant. Si l'application de cette disposition peut convenir à la situation faite aux Espagnols en Algérie par la loi de 1889, ceux-ci pourront n'avoir d'autre nationalité que la nationalité française.

Allemagne. — La nationalité allemande se perd entre autres manières par le séjour prolongé pendant 10 ans en pays étranger (loi du 1er juin 1870, art. 21). Si le mineur dont il s'agit de déterminer la nationalité n'a pas perdu sa qualité d'Allemand en vertu de cette disposition, son père l'aura perdue le plus souvent soit avant la naissance, soit au moins avant la mjorité de l'enfant. Or l'acquisition et la perte de la nationalité allemande s'étendent en Allemagne à la femme et aux enfants mineurs.

Autriche. — L'émigration fait perdre la nationalité autrichienne. On considère comme émigré celui qui se rend dans un état étranger sans esprit de retour, muni d'un permis d'émigration. Ce permis ne se délivre que dans les cas déterminés par l'ordonnance de 1832. Comme le changement de nationalité en Autriche a une influence sur la famille de l'émigrant, ses enfants mineurs perdront la qualité d'Autrichien avec lui.

Hongrie. — Une absence prolongée pendant 10 ans sans immatriculation dans un consulat, ou l'obtention d'un acte de dénationalisation fait perdre la nationalité hongroise.

Suisse. — Pour rompre tout lien avec sa patrie, le Suisse doit faire une renonciation soumise aux conditions suivantes : il faut qu'il jouisse de la capacité civile d'après la loi du pays dans lequel il réside, qu'il n'ait plus de domicile en Suisse, qu'il ait une nationalité acquise ou assurée pour lui et sa famille.

Cette dernière condition sera difficile à remplir, notre législation n'admettant pas l'unité de nationalité dans la même famille. Il est probable que ces renonciations compliquées interviendront rarement. La nationalité suisse pourra donc se rencontrer souvent avec la nationalité française.

Anglais. — Les Maltais établis en Algérie auront la faculté de faire la déclaration prévue dans l'art. du 12 mai 1870 pour perdre leur qualité de sujet britannique. Cet article dit : Toute personne qui par le fait de sa naissance sur le territoire britannique est sujet britannique, mais qui se trouvait également à l'époque de sa naissance sujet d'un pays étranger aux termes de la loi de ce pays, peut, lorsqu'elle a atteint sa majorité, si elle a la plénitude de sa capacité légale (c'est-à-dire si elle n'est ni aliénée, ni imbécile, ni femme mariée, art. 17), se dépouiller par une déclaration de sa nationalité britannique... Toute personne née hors du territoire britannique d'un père sujet britannique, peut, si elle justifie des mêmes conditions de capacité, renoncer de la même façon à sa nationalité britannique.

CHAPITRE II

Compétence des tribunaux français à l'égard des étrangers (1)

Les étrangers habitant le territoire français sont soumis à nos lois de police et de sûreté. Nos lois pénales leur sont donc applicables, et ils sont traduits devant nos juridictions de répression. Aucune difficulté ne pourra se présenter dans cette matière. Ils sont même soumis aux arrêtés des maires dans le cas où, pris légalement, ils obligent les français. C'est ce qu'a décidé la Cour de cassation dans une espèce où un Espagnol refusait de faire partie d'une patrouille de nuit organisée en vertu d'un arrêté du maire (Cass., 12 janvier 1882) (2).

Des difficultés surgissent quand on envisage la question des contestations entre particuliers. Il faut distinguer celles qui ont lieu entre étrangers et français, entre étrangers et indigènes, enfin entre étrangers seuls.

---

(1) Monographie de M. Audinet, de la compétence des tribunaux français d'Algérie dans les contestations entre étrangers. (*Revue alg.*, 1887, 1, 211.) 270.

(2) (*Revue alg.*, 1886, 98). La patrouille de nuit n'étant ni un service militaire, ni un service de garde nationale et de milice, l'art. 4 § 3, de la convention consulaire du 7 janvier 1862 (Mén., 2, 275) entre la France et l'Espagne, aux termes duquel les Français en Espagne et les Espagnols en France sont exempts de toute charge et emploi municipal et de tout service personnel, soit dans les armées de terre ou de mer, soit dans la garde ou milice nationale, pourvu qu'ils présentent leurs certificats d'immatriculation délivrés par leurs ambassades, légations ou consulats respectifs, ne pouvait être invoqué.

La Cour a fait une application stricte de ce texte, quoiqu'il soit conçu en termes très généraux.

SECTION PREMIÈRE

Contestations entre étrangers et français. — L'article 37 de l'ordonnance du 26 septembre 1862 encore en vigueur aujourd'hui, décide que la loi française régit seule les conventions et les contestations entre français et étrangers. Cette règle déjà admise en France devait trouver sa place dans un décret organique sur la justice en Algérie.

Pour déterminer quel sera le tribunal compétent, il faudra appliquer les dispositions de l'ordonnance du 16 avril 1843 sur la procédure, art. 2 et 10 (1), sans préjudice des articles 14 et suivants du Code civil : l'étranger demandeur devra donc la caution *judicatum solvi* (art. 16 de ce code), mais seulement s'il n'a ni résidence habituelle ni établissement en Algérie (art. 19 de l'ordon.). Il peut la réclamer comme défendeur contre le demandeur français, pourvu qu'il ait résidence et établissement en Algérie (art 19 de l'ordon.). D'après l'art. 20, la disposition de l'art. 167 du Code de procédure est applicable au cas où les immeubles dont il y est fait mention sont situés en Algérie.

Certains nationaux se trouvent dispensés de fournir la caution *judicatum solvi* en vertu de traités passés entre la France et leur pays. Pareilles clauses sont contenues notamment dans le traité franco-espagnol du 7 janvier 1862, dans le traité franco-suisse du 15 juin 1869 et dans le traité franco-allemand du 29 février 1880, qui n'oblige pas à la caution les Allemands admis en France au bénéfice de l'assistance judiciaire (2).

SECTION II

Contestations entre étrangers et indigènes. — La loi française seule régit les conventions et les contestations survenues entre

---

(1) Mén., 1, 568.

(2) Alger, 27 octobre 1885 (*Recue alg.*, 1885, 195). Tribunal d'Alger, 1er juin 1887 (*Recue alg.*, 1889, 40).

indigènes et européens (ce nom comprend aussi bien les étrangers que les français), depuis les décrets de 1886 et de 1889 sur la justice musulmane qui ont abrogé les articles 31 de l'ordonnance de 1834, et 37, § 4, de l'ordonnance de 1842 (1). D'après ces textes, la loi française ou celle du pays est applicable selon la nature de l'objet en litige, la teneur de la convention, et à défaut de convention selon les circonstances ou l'intention présumée des parties. La loi française étant devenue obligatoire, la preuve testimoniale admise dans tous les cas par le droit musulman ne sera donc plus recevable au-delà de 150 francs. C'est un des effets les plus importants de ce changement apporté dans les rapports juridiques entre Européens et indigènes, et sur lequel les tribunaux algériens ont eu le plus souvent à se prononcer.

Bien donc qu'à l'avenir la loi française soit seule applicable, néanmoins les ordonnances de 1834 et de 1842 régiront encore les conventions et les contestations antérieures à 1886. Il est donc intéressant de connaître les diverses interprétations données par la jurisprudence algérienne sur ces textes.

Il résulte de l'examen des décisions rendues que la loi française doit être appliquée de préférence à la loi musulmane ; c'est du reste la seule loi que l'Européen a entendu vraisemblablement suivre ; si le musulman est admis à se prévaloir de sa loi, ce n'est que par exception, et s'il a cru de bonne foi qu'elle liait les parties. Mais l'européen ne peut pas invoquer les mêmes raisons et se retrancher derrière la loi musulmane pour se soustraire aux dispositions rigoureuses de la loi française en matière de preuve.

Dans ce sens sont conçus les arrêts de la Cour d'Alger du

------

(1) Alger, 23 mai 1890 (*Revue alg.*, 1890, 407). Alger, 3 novembre 1891 (*Revue alg.*, 1892, 27). Alger, 17 décembre 1891 (*Revue alg.*, 1892, 101).

2 décembre 1841 (1) ; du 16 janvier 1850 (2) ; du 14 décembre
1882 (3).

Cependant un arrêt de la Cour d'Alger du 3 juin 1868 (4)
décide que si l'indigène peut être autorisé à prouver soit par
témoins, soit par présomptions, le même droit doit être reconnu
à l'européen. Telle n'a pas dû être l'intention du législateur.

Un autre arrêt rendu par la même Cour le 20 janvier 1842 (5)
méconnaît ouvertement la lettre de l'ordonnance de 1842, en
décidant que ce texte ne saurait être invoqué avec succès, parce
que les parties en cause ne sont pas exclusivement indigènes.

SECTION III

Contestations entre étrangers. — En France, aucun texte
n'attribue expressément compétence aux tribunaux français

---

(1) Arrêt du 2 décembre 1841 (Estoublon, 1841, 7). Bien que la loi musulmane admette dans tous les cas la preuve par témoins, un Européen ne saurait se fonder sur cette règle pour demander à prouver à l'égard d'un indigène musulman contre le contenu à un acte notarié pour une valeur excédant 150 francs, alors que l'écrit qu'il produit à l'appui de sa demande n'est même point un acte reçu par le cadi, n'a point été fait double conformément à la loi française, et n'est même pas signé de la partie à laquelle il est opposé.

(2) Arrêt du 16 janvier 1850 (Estoublon, 1850, 3). Dans les contestations entre Français et indigènes le juge usant de la faculté qui lui appartient d'appliquer soit la loi française, soit la loi du pays peut refuser d'admettre la preuve testimoniale, lorsque l'intérêt du procès excède 150 fr., si les faits de la cause ne sont pas de nature à justifier cette dérogation à la règle du droit français.

(3) Arrêt du 14 décembre 1882 (*Bulletin jud.*, 1883, 261). Attendu, dit cet arrêt, qu'en règle générale les Français sont et doivent demeurer soumis à la loi française.

Attendu que s'il a été fait exception à cette règle par la législation algérienne, cette exception doit être restreinte à ses plus étroites limites.

Attendu qu'ainsi les ordonnances de 1834 et de 1842 n'ont nullement imposé l'obligation, mais seulement donné aux tribunaux la faculté d'appliquer la loi du pays aux lieu et place de la loi française, et ce dans des circonstances tout à fait exceptionnelles et suffisamment graves. V. aussi arrêt de cassation du 20 juin 1861 (Estoublon, 1861, 23). Alger, 3 mai 1882 (*Bulletin jud.*, 1883, 252).

(4) Alger, 3 juin 1868 (Estoublon, 1868, 37).

(5) Alger, 20 janvier 1842 (Estoublon, 1842, 3).

dans les contestations entre étrangers. La question s'est donc posée de savoir si ces tribunaux étaient réellement compétents. Elle a été résolue différemment ; il est d'abord un certain nombre de cas où leur compétence est admise par tout le monde ; c'est quand les étrangers ont été autorisés par le gouvernement à fixer leur domicile en France ; ils jouissent alors des mêmes droits civils que les Français ; ou quand ils peuvent invoquer un traité conclu entre la France et leur pays ; ou bien quand il s'agit de certaines matières, comme les matières de commerce (art. 420, C. Pr.), les matières immobilières, ou les demandes fondées sur des délits ou des quasi-délits, les mesures provisoires ou conservatoires qui requièrent célérité. En dehors de ces hypothèses il y a divergence entre la doctrine et la jurisprudence ; tandis que la première affirme en général que la compétence des tribunaux français est la même pour les étrangers que pour les nationaux, parce qu'elle n'est défendue par aucun texte, la jurisprudence au contraire soutient l'incompétence de ces mêmes tribunaux. Les arguments qu'elle invoque nous les retrouverons dans les différentes décisions des tribunaux algériens qui ont cru devoir adopter cette solution.

En Algérie cette question n'est pas moins controversée. Les raisons qui militent en faveur d'une extension de compétence de nos tribunaux sont décisives : les étrangers établis dans ce pays jouent un rôle bien autrement important que ceux qui résident en France ; ils sont devenus pour ainsi dire indispensables par suite du nombre restreint de Français qui colonisent ; la plupart quittent leur pays sans esprit de retour avec l'intention de fonder un établissement ; par suite ils ont souvent perdu leur nationalité d'origine et ne pourraient plus s'adresser aux juges de leur pays, si les tribunaux français refusaient de les entendre ; il est de l'intérêt de la colonisation de les retenir sur leurs terres et de les amener à se faire naturaliser en leur permettant l'accès de nos tribunaux qui, souvent leur assurent plus de garanties d'impartialité et de savoir que ceux de leur pays ;

ainsi s'opèrera la fusion des races si nécessaire au développement de la colonie.

A ces considérations d'ordre purement moral viennent s'ajouter les arguments tirés de la législation algérienne qui sont le véritable terrain de la discussion, c'est à dire les articles 27 de l'ordonnance du 10 août 1834 et 33 de l'ordonnance du 26 septembre 1842.

Les tribunaux français, dit l'ordonnance du 10 août 1834, art. 27, connaissent de toutes les affaires civiles et commerciales entre français, entre français et indigènes ou étrangers, entre indigènes de religion différente, entre indigènes et étrangers, *entre étrangers,* enfin entre indigènes de la même religion, quand ils y consentent. L'ordonnance du 26 septembre 1842 s'exprime ainsi : les tribunaux français connaissent entre toutes personnes de toutes les affaires civiles et commerciales, à l'exception de celles dans lesquelles les musulmans sont seuls parties et qui continueront d'être portées devant les cadis.

Il ne semble pas à première vue qu'il puisse y avoir matière à discussion en présence de dispositions aussi explicites. La compétence des tribunaux français est affirmée d'une façon claire et précise. L'ordonnance de 1834 contenait la première organisation judiciaire que reçut la colonie. Peu de temps auparavant, en 1831, le privilège qu'avaient les consuls des puissances étrangères de juger les procès entre étrangers avait été supprimé comme incompatible avec l'ordre de choses résultant de l'occupation du territoire par nos troupes. Il y avait donc une raison pour donner de nouveaux juges aux étrangers. L'ordonnance y pourvoit en les renvoyant devant les tribunaux français auxquels elle attribue ainsi une nouvelle compétence.

L'ordonnance de 1842, quoique modifiée sur quelques points, n'est autre que la reproduction de celle de 1834. Comparés entre eux, les articles 27 et 33 de ces deux textes, malgré la différence de rédaction, doivent recevoir la même interprétation. Les mots entre toutes personnes de l'ordonnance de 1842 se réfèrent incontestablement aux personnes habitant l'Algérie dont l'énumération avait été donnée par celle de 1834 ; ce qui confirme cette interprétation, c'est que parmi les personnes exceptées, les musulmans seuls sont mentionnés.

Il serait d'ailleurs assez étrange que la première ordonnance donnât aux tribunaux algériens une nouvelle compétence, et que la seconde la leur enlevât sans autre raison. On ne peut donc contester le principe, admis du reste par la jurisprudence, de la compétence des tribunaux entre étrangers.

On a voulu aussi tirer parti, à tort suivant nous, de l'article 2 de l'ordonnance du 16 avril 1843 ainsi conçu : En Algérie, la résidence habituelle vaut domicile. On a raisonné ainsi : En France les étrangers ne peuvent avoir de domicile sans y être autorisés ; alors ils jouissent de tous les droits civils des français ; les étrangers doivent donc leur être assimilés et profiter notamment de la faveur d'être jugés par les tribunaux français (1).

D'abord il n'est pas absolument exact de dire que les étrangers ne peuvent avoir d'autre domicile que celui qu'ils ont été autorisés à prendre. En admettant même qu'il en soit ainsi, le domicile ne produira pas nécessairement les effets d'un domicile autorisé. S'il s'agit simplement d'un domicile de fait, comme la jurisprudence des tribunaux de France n'admet pas que ce domicile les rend compétents, la résidence aura beau valoir domicile en Algérie, les tribunaux de ce pays n'en seront pas plus compétents. Le texte ne vise donc pas les étrangers, mais seulement ceux qui sont déjà justiciables des tribunaux français.

Si l'étranger réside en Algérie, ou s'il s'agit de droits ou actions y ayant pris naissance (art. 2 de l'ordonnance du 16 avril 1843) les tribunaux algériens seront compétents. Tout le monde est unanime sur ce point. Reste à déterminer l'étendue de cette compétence. Ici le désaccord commence.

---

(1) Alger, 18 novembre 1852 (Estoublon, 1852, 43) ; Alger, 8 mars 1858 (Estoublon, 1858, 19, ; Tribunal d'Alger, 27 janvier 1887 (Revue alg., 1887, 352).

Tandis que la jurisprudence a toujours jugé qu'elle était compétente dans les questions d'intérêt pécuniaire (1), elle est au contraire bien divisée sur le point de savoir si elle doit connaître des questions d'état et de capacité.

Dans un premier système elle se déclare incompétente comme les tribunaux français, quand il s'agit par exemple d'une demande en séparation de corps, ou en nullité de mariage, ou en dation de conseil judiciaire. Toutefois si les parties y consentent, le tribunal pourra retenir l'affaire. L'incompétence n'est donc pas absolue.

Les raisons qu'elle invoque sont fondées sur le caractère indélébile du statut personnel, sur la corrélation qui existe entre les lois personnelles et la juridiction spécialement proposée à leur application, sur les difficultés qu'éprouvent les tribunaux français à appliquer une loi étrangère qui ne leur est pas familière; ceux-ci, n'ayant été institués que pour appliquer la loi de leur pays, risqueraient de commettre des erreurs, s'ils avaient à interpréter des textes étrangers.

La législation algérienne ne contient aucune dérogation à ces règles ; on la chercherait en vain dans les ordonnances de 1834 et de 1842, qui ne parlent que des affaires civiles et commerciales, c'est-à-dire de celles où un intérêt pécuniaire est en jeu. C'est ainsi qu'il faut interpréter les mots affaires civiles et commerciales ; la preuve en est dans les ordonnances de 1859 et de 1866 sur la justice musulmane, dont l'art. 1er est ainsi conçu : la loi musulmane régit toutes les conventions et toutes les contestations civiles et commerciales entre musulmans indigènes, ainsi que les questions d'Etat (2).

---

(1) Alger, 19 mars 1851 (Estoublon, 1851, 16) ; Alger, 17 mars 1863 (Estoublon, 1863, 11) ; Alger, 12 janvier 1880 (*Bulletin jud.*, 1880, 164) ; Trib. d'Alger 8 mars 1884 (*Bulletin jud.*, 1884, 88) ; Trib. d'Alger, 27 janvier 1887 (*Revue alg.*, 1887, 352) ; Alger, 23 juin 1866 (Estoublon 1866, 33).

(2) Alger, 12 septembre 1818 (Estoublon, 1818, 23) ; Cas., 26 juillet 1852 (Estoublon, 1852, 32) ; Alger, 19 mars 1851 (Estoublon, 1851, 16) ; Alger, 19 février 1855 (Estoublon, 1855, 16) ; Alger, 27 décembre 1860 (Robe, 1861, 23) ;

Dans un deuxième système, moins suivi il est vrai, on décide que les étrangers peuvent porter toutes leurs contestations devant les tribunaux français, sans distinguer si elles ont trait à des questions pécuniaires ou à des questions personnelles, à la condition que les parties ne déclinent pas l'incompétence.

Nous répondons aux arguments du premier système : il est inexact de dire que les tribunaux français ne peuvent pas appliquer à un étranger sa loi nationale en matière d'état et de capacité, à cause d'un prétendu lien forcé entre le statut personnel d'un pays et la juridiction de ce pays. N'arrive-t-il pas très souvent que les tribunaux sont amenés à appliquer une loi étrangère, notamment dans le conflit qui peut s'élever à propos de deux contrats passés sous l'empire de législations différentes ? ou bien en cas de naturalisation survenue au cours de mariage, les tribunaux n'appliqueront-ils pas au conjoint resté étranger sa loi nationale dans une instance introduite par lui contre son mari devenu français (1) ? L'étranger admis à domicile ne devient-il pas justiciable des tribunaux français tout en restant soumis à sa loi nationale ?

A l'argument tiré dans ce système des ordonnances de 1834 et de 1842, nous objectons que ces textes ne distinguent pas ; ils sont conçus en termes généraux, et il est difficile

---

Alger, 4 mars 1874 (Estoublon, 1874, 1b) ; Alger, 3 juillet 1877 (*Bulletin jud.*, 1877, 312) ; Alger, 2 janvier 1882 (*Bulletin jud.*, 1882, 163) ; Alger, 16 janvier 1882 (*Bulletin jud.*, 1882, 198) ; Alger, 24 juillet 1882 (*Bulletin jud.*, 1882, 311) ; Tribunal de Sétif, 1er mai 1883 (*Bulletin jud.*, 1883, 156) ; Tribunal d'Alger, 8 mars 1884 (*Bulletin jud.*, 1884, 88) ; Alger, 2 mai 1888 (*Revue alg.*, 1889, 229) ; Alger, 16 mai 1888 (*Revue alg.*, 1888, 361) ; Tribunal de Mostaganem, 25 mai 1881 ; Tribunal d'Oran, 6 février 1889 (*Revue a.g.*, 1890, 162) ; Alger, 21 avril 1890 (*Revue alg.*, 1890, 400) ; Alger, 21 décembre 1889 (*Revue alg.*, 1890, 350) ; Alger, 27 janvier 1892 (*Revue alg.*, 1892, 110) ; Cas., 18 juillet 1892 (*Revue alg.*, 1892, 297).

Cet arrêt est le dernier rendu sur la matière. Il rejette le pourvoi formé contre l'arrêt de la Cour du 21 avril 1890, confirmant un jugement du tribunal d'Oran du 6 février 1889 qui s'était déclaré incompétent pour connaître de la demande en séparation entre étrangers.

(1) Si on admet que la loi personnelle de chaque époux doit rester applicable.

de les appliquer à une catégorie de procès et pas à l'autre. Il faut donc admettre que si le législateur a réellement voulu déroger au droit commun en vigueur en France, ce que tout le monde admet, il a entendu excepter les questions d'état aussi bien que les questions pécuniaires. Sans doute il n'a pas prononcé les mots questions d'état, comme il l'a fait dans les ordonnances de 1859 et de 1866. Ces mots ne sont pas plus à leur place dans ces textes qu'ils ne seraient dans les ordonnances, si on les y avait mis. Il est clair que si le cadi est compétent dans les affaires pécuniaires entre indigènes, il l'est *a fortiori* dans les questions d'état, qui sont du reste encore aujourd'hui de son ressort et que personne n'a jamais songé à lui enlever. On ne peut donc pas invoquer dans une matière qui concerne les étrangers, des textes de compétence musulmane dont la rédaction est critiquable (1).

On trouve enfin dans la jurisprudence quelques décisions qui assimilent complètement la compétence des tribunaux français à l'égard des étrangers à celle des tribunaux à l'égard des Français ; elles la rendent obligatoire et ne la subordonnent plus à l'accord préalable des parties (2).

La compétence des tribunaux français dans les contestations entre étrangers devient obligatoire, quand les parties appartiennent à des nations qui ont passé des traités avec la France attribuant cette compétence. Ces traités lient les tribunaux algériens comme les tribunaux français ; leur application est même plus fréquente qu'en France, à cause du grand nombre d'étrangers établis en Algérie.

-----

(1) Alger, 18 novembre 1856 (Robe, 1861, 201) ; Alger, 23 juin 1866 (Estoublon, 1866, 33) ; Alger, 5 juin 1874 (Robe, 1875, 222) ; Tribunal d'Alger, 27 janvier 1887 (*Revue alg.*, 1887, 351).

(2) Alger, 23 juin 1866 (Estoublon, 1866, 33) : Attendu qu'il est certain en droit, dit cet arrêt, que les tribunaux de l'Algérie ont le pouvoir et le devoir de statuer sur toute espèce de contestations entre étrangers, que cette faculté et cette charge ressortent en termes formels de l'art. 33 de l'acte organique du 26 septembre 1842, etc.

Le traité conclu avec la Suisse le 15 juin 1869 (1), promulgué par le décret du 19 octobre 1869 (2), touche directement aux questions de compétence pour les tribunaux des deux pays. Il porte dans son article 2 : Dans les contestations entre Suisses qui seraient tous domiciliés ou auraient un établissement commercial en France, et dans celles entre Français tous domiciliés ou ayant un établissement commercial en Suisse, le demandeur pourra aussi saisir le tribunal du domicile ou du lieu de l'établissement du défendeur, sans que les juges puissent se refuser de juger et se déclarer incompétents à raison de l'extranéité des parties contractantes. Il en sera de même si un Suisse poursuit un étranger domicilié ou résidant en France devant un tribunal français, réciproquement si un Français poursuit en Suisse un étranger domicilié ou résidant en Suisse devant un tribunal suisse.

Certaines conventions consulaires ou certains traités de commerce contiennent des dispositions analogues et réservent à leurs nationaux « un libre et facile accès auprès des tribunaux de justice, tant pour réclamer que pour défendre leurs droits à tous les degrés de juridiction ». Il en est ainsi de la convention consulaire du 7 janvier 1862 (3), art. 2 : les Français en Espagne et les Espagnols en France jouiront réciproquement d'une constante et complète protection pour leurs personnes et leurs propriétés. Ils auront en conséquence un libre et facile accès auprès des tribunaux de justice, tant pour réclamer que pour défendre leurs droits à tous les degrés de juridiction établis par les lois, etc...

Cet article est reproduit dans le traité de commerce du 6 février 1882, art. 3.

Les conventions signées avec le Portugal le 27 décembre

---

(1) Mén., 3, 3.0.
(2) Mén., 3, 300.
(3) Mén., 2, 275.

1853, avec la Russie le 1ᵉʳ avril 1874, etc., rentrent dans cette catégorie. Mais l'interprétation que la jurisprudence a donnée de ces textes en restreint considérablement la portée, ce qui explique le grand nombre de décisions qui maintiennent le principe de l'incompétence dans les affaires personnelles tout au moins, après comme avant la promulgation des traités.

Le traité franco-suisse est interprété comme n'apportant aucune dérogation à la règle de l'incompétence ; son article 2 se réfère aux contestations prévues dans l'article 1ᵉʳ, c'est-à-dire aux contestations en matière personnelle et mobilière, civile ou de commerce. Or, dit-on, il n'est pas question des contestations d'état ; elles ne peuvent être comprises dans les actions mobilières ou les actions personnelles, parce qu'elles ne présentent pas les mêmes caractères ; elles se rapprochent plutôt des actions réelles.

Cette opinion est soutenue en Suisse par un grand nombre d'auteurs (1) et par la jurisprudence. Elle est cependant très critiquable. Sous le nom d'actions personnelles il est difficile de comprendre autre chose que des questions d'état. C'est ainsi que les entend le Code de procédure civile, quand il les oppose aux actions réelles. Le traité parle, il est vrai, d'actions personnelles mobilières, pour lesquelles le tribunal du défendeur est compétent. Pourquoi ne pas les comprendre au nombre de celles-ci ? La Cour de cassation s'est prononcée dans ce sens (arrêt du 1ᵉʳ juillet 1878) (2).

Le caractère commercial des conventions consulaires et des traités de commerce les a fait considérer comme n'attribuant aux tribunaux qu'une compétence en matière pécuniaire. La Cour de cassation a cependant étendu cette compétence aux affaires personnelles. Les traités avec l'Espagne notamment,

---

(1) Lehr, *Journal de Droit international privé*, 1878, p. 217. Tribunal fédéral suisse, 12 octobre 1878. *J. D. I. Pr.* 1879, p. 96.
(2) Dalloz, 1880, I, 12.

quand ils disent que les Espagnols en France auront un libre et
facile accès près des tribunaux de justice, tant pour réclamer que
pour défendre leurs droits, ne font pas de distinction : on réclame
et on défend ses droits aussi bien dans une instance de séparation de corps que dans une demande d'indemnité pour un préjudice causé. Peu importe le caractère de l'acte qui règle la
question de compétence. Le traité espagnol contient du reste
bien des choses qui ne figurent pas d'ordinaire dans une pareille
convention. Il est dit dans le préambule que les parties contractantes ont voulu déterminer, avec toute l'extension possible,
les droits civils de leurs sujets respectifs. Ainsi son article 5
détermine la situation des Espagnols en France, et celle des
Français en Espagne au point de vue de l'obligation au service
militaire.

Le traité du 6 février 1882 (1), en reproduisant l'article 2,
ajoute cette clause : les Français en Espagne et les Espagnols en
France auront les mêmes droits et les mêmes privilèges qui sont
ou seront accordés aux nationaux, à la condition toutefois qu'ils
se soumettent aux lois du pays.

La Cour de Caen, dans un arrêt du 16 décembre 1884 (2), a
appliqué ces principes en déclarant le tribunal français compétent pour connaître d'une action en séparation de corps entre
deux Espagnols, mais elle n'a invoqué que la convention de
1862 ; la chambre des requêtes (arrêt du 3 juin 1885) (3) a
rejeté le pourvoi formé contre cet arrêt en se basant à la fois
sur la convention de 1862 et sur le traité de 1882.

Comme cette clause se retrouve dans d'autres traités, notamment dans celui conclu entre la France et le Portugal du 27 décembre 1853 (4), dans celui conclu avec la Russie du 1er mai

------

(1) Sirey, *Lois annotées*, 1883, p. 502.
(2 et 3) *Revue alg.*, 1886, p. 249.
(4) Sirey, *Lois annotées*, 1854, p. 6.

1874 (1), et ceux passés avec plusieurs États de l'Amérique du Sud, il est à souhaiter qu'elle reçoive partout l'interprétation large de la Cour suprême (arrêt de la Cour d'Alger du 25 octobre 1892) (2).

D'autres traités s'occupent de la compétence des tribunaux français et étrangers en matière de succession. D'après l'article 5 du traité franco-suisse du 15 juin 1869, le tribunal compétent pour connaître des actions relatives à la liquidation et au partage d'une succession testamentaire ou *ab intestat* et aux comptes entre héritiers et légataires d'un Suisse décédé en France, sera celui de son lieu d'origine en Suisse.

D'après les traités du 11 décembre 1866 avec l'Autriche-Hongrie et du 1er avril 1874 avec la Russie, on appliquera pour les biens immobiliers laissés dans la succession la loi du lieu où ils sont situés, et pour les biens mobiliers la loi du défunt. Dans ce dernier cas les tribunaux français sont incompétents.

Parmi les conventions qui confèrent certaines attributions en France aux consuls français, nous mentionnerons celle du 7 janvier 1861 conclue avec l'Espagne, art. 20, et celle du 26 juillet 1862 conclue avec l'Italie, art. 9. Ces deux dispositions sont rédigées dans des termes identiques. Elles donnent aux consuls diverses missions dans l'intérêt de la conservation, de l'administration et de la liquidation de la succession. Ils peuvent apposer les scellés, § 1er, faire l'inventaire, § 2, ordonner la vente aux enchères des effets mobiliers, § 4, faire rentrer les créances et les déposer en lieu sûr, § 5, convoquer les créanciers de la succession, § 6, administrer la succession sans que l'autorité locale ait à intervenir dans les opérations, à moins que les sujets du pays ou d'une tierce puissance n'aient à faire valoir des droits dans la succession ; en cas de contestation, les consuls n'ont aucun droit pour résoudre les difficultés ; les tribunaux du pays sont

(1) Sirey, *Lois annotées*, 1874, p. 553.
(2) *Revue alg.*, 1892, 529.

seuls compétents ; enfin ordonner, s'il y a lieu, la tutelle ou la curatelle, § 7.

L'article 10 du traité avec la Suisse vise la tutelle des mineurs et des interdits dans les deux pays. Cet article est ainsi conçu : la tutelle des mineurs et interdits français résidant en Suisse sera réglée par la loi française, et réciproquement la tutelle des mineurs et interdits suisses résidant en France sera régie par la législation de leur canton d'origine. En conséquence les contestations auxquelles l'établissement de la tutelle et l'administration de leur fortune pourront donner lieu seront portées devant l'autorité compétente de leur pays d'origine, sans préjudice toutefois des lois qui régissent les immeubles et des mesures conservatoires que les juges du lieu de la résidence pourront ordonner.

Ce texte a été diversement interprété. A l'occasion de l'ouverture de la tutelle d'un Genevois établi à Paris, les autorités de Genève consultées déclarèrent que cette tutelle devait être organisée en France et par les autorités françaises. Le conseil fédéral au contraire décida que la compétence en matière de tutelle était exclusivement réservée par l'article 10 aux autorités du lieu d'origine. Pareille solution, qui peut être conforme à la législation suisse, n'est pas en tout cas en harmonie avec nos principes, car la loi française applicable à la tutelle des mineurs français résidant à l'étranger, fixe au lieu du domicile l'ouverture de cette tutelle.

En l'absence de tout traité et en vertu des ordonnances de 1834 et de 1842, les tribunaux algériens seraient compétents en matière de tutelle, d'interdiction ou de conseil judiciaire d'un mineur étranger et devraient appliquer la loi étrangère. Mais une difficulté se présentera dans le cas où le mineur appartient à un pays où la tutelle repose sur une organisation différente de la nôtre, en Angleterre par exemple. La tutelle doit être établie à l'étranger, dans le pays auquel appartient le mineur, au lieu du dernier domicile de ses parents avant leur émigration. Les tribunaux français sont donc incompétents ; cependant ils pourront ordonner dans l'intérêt du mineur toutes les mesures urgentes que la situation commandera et organiser une tutelle provisoire. Ce système peut présenter de graves inconvénients pour le pupille qui sera souvent très éloigné du siège de l'administration de son patrimoine. Il faut donc attribuer compétence aux consuls des nationaux établis à l'étranger pour organiser la tutelle conformément à la loi de leur pays.

Tout le monde reconnaît cette compétence consulaire ; la France en a formellement consacré le principe dans des traités passés avec un certain nombre de pays ; comme l'Espagne (convention du 7 janvier 1862, art. 20 § 7), avec l'Italie (convention du 26 juillet 1862, art. 9, § 7), avec le Portugal (convention du 11 juillet 1866, art. 8, § 7), avec la Grèce (convention du 7 janvier 1876, art. 15, § 1), avec l'État du Salvador (convention du 5 juin 1878, art. 15, § 1).

Cependant même pour ces pays ainsi liés par des traités, comme les consuls n'ont aucune attribution contentieuse ni aucun pouvoir pour contrôler la tutelle organisée, la compétence des tribunaux français reste entière, et s'exercera tant que l'application de la loi étrangère sera possible.

TITRE II

Les étrangers musulmans

Un chapitre spécial doit être réservé aux musulmans des pays
étrangers, comme le Maroc, la Tunisie, la Tripolitaine, l'Egypte.
Bien qu'en principe il ne doive être fait aucune différence entre
eux et les étrangers européens, puisqu'ils ne sont pas indigènes
— ceux-là seuls sont indigènes qui sont nés dans le pays, —
cependant leur qualité de musulmans les soumet dans certaines
matières au même régime que les musulmans indigènes.

Si en effet on les traitait comme des étrangers européens, il faudrait décider que dans leurs relations avec leurs coreligionnaires
ils sont soumis à la loi française, et justiciables des tribunaux
français, alors que tous les deux ils suivent cependant la même
loi. Aussi trouvons-nous tout à fait conforme aux principes
l'art. 1er du décret du 17 avril 1889 sur la justice musulmane,
quand il déclare régis par leurs droits et coutumes en ce qui
concerne leur statut personnel, leur statut successoral et la
propriété indigène, non seulement les indigènes algériens, mais
encore tous ceux qui résident en Algérie. Ce n'est donc qu'au
cas où un musulman habitant hors de l'Algérie viendrait à
actionner un musulman algérien, que le litige devrait être porté
devant le tribunal français du domicile ou de la résidence du
défendeur, avec application de la loi française ou de la loi du
contrat.

Cette solution peut se justifier par cette considération, que les
indigènes eux-mêmes n'étant pas soumis dans ces matières à la
loi française, il n'y avait pas de raison pour y soumettre les

musulmans étrangers ; mais si on envisage la situation ainsi faite aux indigènes comme une faveur, on peut se demander pour quelles raisons les étrangers y participeront ? Il est bien certain, par exemple, que le droit d'option de juridiction ou de législation est accordé aux indigènes par égard à leur qualité de français, mais les indigènes qui ne sont pas français n'ont pas à attendre la même faveur du législateur. On aurait donc compris que ce droit fût réservé aux premiers seulement. Mais l'énoncé du texte de l'article 1er du décret de 1889 montre bien qu'il s'applique entièrement à tous les musulmans résidant en Algérie, qu'ils soient français ou étrangers. Il en était déjà ainsi sous l'empire des décrets de 1886 et de 1866.

Nous lisons en effet dans le rapport qui précède le décret de 1866 : « Aux termes de l'article 1er du décret de 1859, la loi musulmane régit les conventions, les contestations civiles ou commerciales et les questions d'état, entre indigènes musulmans. Il a paru nécessaire de compléter cette rédaction en disant : entre indigènes musulmans et entre ceux-ci et les musulmans étrangers. En effet il y a utilité pour les indigènes à ce qu'en traitant avec des musulmans étrangers, ils soient assurés que leurs conventions seront régies et jugées d'après leur propre loi. Des difficultés s'étant élevées dans la pratique à ce sujet, il était bon d'en prévenir le retour. Entre musulmans étrangers, le droit commun demeure réservé (1). »

Si les étrangers ne sont pas spécialement mentionnés dans les textes à côté des indigènes musulmans, nous ne leur appliquerons pas les dispositions qui visent ces derniers. C'est ainsi qu'ils ne seront soumis ni au Code de l'indigénat, l'art. 17 du décret de 1879 ne parle que des indigènes non naturalisés, ni à la loi sur l'état civil. D'après l'art. 1er de la loi du 23 mars 1882 il sera procédé à la constitution de l'état civil des *indigènes* musulmans en Algérie. Par contre ils seront obligés de payer les impôts arabes, comme tous les musulmans sans distinction.

Reste à nous demander de quelle manière ils acquerront la

nationalité française. Il est hors de doute que pas plus que les indigènes ils ne pourront devenir Français par l'effet de la loi. Les raisons politiques qui ont décidé le législateur à n'accorder la qualité de citoyens français aux musulmans algériens qu'à la suite d'une demande de naturalisation, existent à plus forte raison pour les étrangers. Ils ne peuvent donc pas devenir Français par leur naissance sur le sol algérien. Il ne leur reste qu'à demander la naturalisation dans les formes et conditions exigées pour les étrangers européens, telles qu'elles sont fixées par le Sénatus-consulte du 14 juillet 1865, les décrets du 21 avril 1866, et du 24 octobre 1870. Nous repoussons donc l'opinion d'après laquelle l'étranger musulman doit au préalable acquérir la qualité d'indigène d'après les dispositions du Code civil, et dans les circonstances analogues à celles où l'étranger obtiendrait la qualité de Français.

Ce système supposerait une assimilation complète entre le musulman étranger et le musulman indigène ; nous avons vu que cette assimilation n'existe que dans des cas exceptionnels. Aucun texte non plus n'exige du musulman la qualité de français pour demander la naturalisation ; il semble au contraire d'après la définition même du mot indigène donné dans le décret du 7 octobre 1871 qu'on naît indigène, mais qu'on ne le devient pas.

Quant aux Israélites étrangers, depuis le décret de naturalisation collective il n'est plus permis de les traiter autrement que comme des étrangers européens.

CONCLUSION

Il nous reste à exprimer le vœu, comme conclusion de cette dernière partie de notre travail, que les Français se montrent aussi empressés de coloniser l'Algérie que les étrangers. Il est pénible de constater qu'après 60 ans d'efforts incessants à peine 250.000 de nos nationaux habitent un pays qui offre de si grandes ressources. Au moment où les puissances européennes se disputent jusqu'au sang la possession de contrées lointaines et inhospitalières, nous laissons à d'autres le soin de tirer parti de la situation merveilleuse de l'Algérie ; plus que jamais c'est le moment de sortir de notre torpeur et de montrer que nous n'avons rien perdu de nos vieilles qualités de colonisateurs. La France est et restera la sentinelle avancée de la civilisation au nord de l'Afrique ; mais il faut qu'elle seule conserve ce rôle.

Vu :

Nancy, le 7 mai 1894.

LE PRÉSIDENT DE LA THÈSE,

Ludovic BEAUCHET.

Vu :

Nancy, le 8 mai 1894.

LE DOYEN,

E. LEDERLIN.

Vu et permis d'imprimer :

Nancy, le 8 mai 1894.

LE RECTEUR,

A. GASQUET.

POSITIONS

DROIT ROMAIN

I. La bonne foi était exigée du débiteur pour faire cession de biens.

II. L'envoi en possession demandé par un seul créancier profitait à tous les autres.

III. Dans la procédure de la *venditio bonorum* le *curator* et le *magister* remplissaient deux rôles distincts.

IV. La femme ne pouvait pas renoncer à la protection du sénatus consulte Velléeen.

V. Le mariage romain n'exige en principe pour sa formation aucun élément réel.

VI. La prescription acquisitive organisée par Justinien est interrompue à la différence de l'usucapion du droit classique par la *litis contestatio.*

DROIT FRANÇAIS

I Les donations faites par contrat de mariage à l'un des futurs époux constituent au point de vue de l'action paulienne de véritables actes à titre onéreux sans qu'il y ait à distinguer entre la dot constituée à la femme et la donation faite au mari.

II. L'interdit peut se marier dans un intervalle lucide.

III. Le don manuel fait sous réserve d'usufruit est nul.

IV. L'époux contre lequel la séparation de corps a été prononcée ne peut demander la conversion en divorce, s'il ne produit d'autres griefs que ceux qui ont été relevés contre lui dans le jugement de séparation.

PROCÉDURE CIVILE

I. Les décisions rendues par les administrateurs des communes mixtes en Algérie en matière d'indigénat n'ont pas le caractère de jugements.

II. Les jugements par défaut en matière musulmane rendus par les cadis ou les juges de paix ne sont pas susceptibles d'opposition.

DROIT ADMINISTRATIF

I. Les cours d'eau quels qu'ils soient en Algérie sont du domaine public.

II. Les assesseurs musulmans dans les conseils généraux ont voix délibérative.

DROIT INTERNATIONAL

I. Les tribunaux français en Algérie sont compétents en matière de statut personnel dans les contestations entre étrangers.

TABLE DES MATIÈRES

DROIT ROMAIN

DROIT FRANÇAIS

DEUXIÈME PARTIE. — Les étrangers